멈추지 말고
진보하라

이 도서의 국립중앙도서관 출판시도서목록(CIP)은 서지정보유통지원시스템 홈페이지(http://seoji.
nl.go.kr)와 국가자료공동목록시스템(http://www.nl.go.kr/kolisnet)에서 이용하실 수 있습니다.
(CIP제어번호: CIP2013002051)

멈추지 말고
진보하라

스테판 에셀 지음

목수정 옮김

문학동네

한 권의 책이라는 틀은 스테판 에셀의 말을 담아내기에 턱없이 부족하다. 그의 말은 우리의 눈을 번쩍 뜨이게 하고, 잠자는 양심을 뒤흔드는 강한 호소력을 갖고 있다. 그러므로 이 책은 엄밀한 의미에서 단순한 자서전이 아니다. 과거를 돌아보는 책이지만, 지금의 우리에게 큰 용기를 선물한다. 이 책에는 그가 인생을 살아가는 하나의 방법으로 선택한 '앙가주망engagement(정치참여)'을 뒷받침해주는 진실한 경험들이 담겨 있다.

—마렌 셀Maren Sell (리벨라Libella 출판사 편집인)

■ 일러두기

이 책의 원주는 책 뒷부분에 미주로, 옮긴이 주는 본문 아래쪽에 각주로 표시한다.

하나의 온전한 삶이 여기에 담겨 있다. 이 삶은 수많은 만남들, 사라져버리고 시들어버린 윤곽들, 저녁의 희미한 빛 속에서 확대경 너머로 들여다보듯 다시 들춰본 기억들로 채워져 있다. "그대들은 공기의 형태로 다시 여기에 나타나, 햇빛과 황금에 둘러싸여 내 눈앞을 떠다닌다……"

견고한 초석 위에 세워진 모든 원칙과 가치, 윤리의 설계자들인 발터 벤야민, 한나 아렌트, 메를로퐁티, 그리고 지난 시절과 오늘날에 이르는 위대한 예술가와 작가 들인 에드가 모랭, 레지스 드브레, 비셸 로카르, 다니엘 컨벤디, 장클로드 카리에르, 페터 슬로터다이크, 로르 아들러, 장폴 돌레 그리고 수많은 다른 이들…… 새로이 시작되는 또다른 '세기와의 춤'*을 위하여.

---

* 1997년에 출간된 저자의 또다른 자서전의 제목.

다중 정체성의 시학

참여하는 법을 배우자

민주주의 — 모든 프로그램!

움직이지 않는 것은 흩어지고 움직이는 것은 지속된다

어떻게 도달할 것인가

스테판 에셀, 콧구멍에서 흥이 넘쳐나는 한 매혹적인 투사의 일대기

"스테판 에셀이 죽었다."

95년간 타오르던 에셀이라는 촛불이 조용히 꺼졌을 때, 프랑스에 술렁인 것은 슬픔이라기보다 경외감에 휩싸인 탄식이었다. 감동을 자아내는 죽음이라니. 그의 사라짐이 다시 한번 그의 생애에 환한 조명을 비춰주었기 때문이었다. 고통 없이 투명한 장막의 저편으로 건너가듯 마무리된 그의 삶이 따스한 감동의 자락을 사람들의 마음에 넓게 드리웠다. 스테판 에셀 사후 열흘간, 사람들은 그 포근한 애무 같은 탄식 속에 묻혀 위로를 주고받았다. 경이로웠다. 한 사람의 생애가 건넬 수 있는 그토록 넓고 포근한 위로가.

이제 더는 지상에서 지속될 수 없는 그의 삶은 책으로 남았다. 이 책은 스테판 에셀이 자신의 삶의 내밀한 순간들을 솔직하게 드러내는 고백이자, 이제 곧 몸에서 모든 기운이 빠져나갈 것을 느끼는 한 인간이 남은 세대의 손에 쥐여주는 간절한 유언이다. 세상을 떠나기 전 1년 남짓, 그는 마지막 남은 모든 기운을 다해 후세에 전할 말을 찾고 다듬고 재차 다짐했다. 죽음도 차마 멈추지 못할 진보에 대한 그 간절한 희망과 신념을. 그의 삶을 영감으로 출렁이게 한 시詩들과 함께.

시가 있는 인생

하나의 인생이 시작될 때, 거기에 시가 충만하게 깃들어 있었다면, 어떻게 그 인생이 칙칙한 어둠 속에서 흘러갈 수 있겠는가. 머리 위로는 천사들이 아른거리고 음악이 사방에서 남실대며 행복이 바구니에 담겨 매일 아침 문밖에 놓여 있지 않을까. 스테판 에셀은 시가 있는 인생이 자신에게 언제나 초월할 수 있는 힘과 영감을 제공했노라고 토로한다. 행복한 삶의 문을 열어주었던 그의 첫번째 열쇠는 고로, 시였다.

오로지 죽을 운명밖에 남은 것은 없어 보이던 유대인 수용소에서의 시간. 절망에 썩어버리지 않고 미래를 향한 격렬한 희망으로 그를 살아 있게 해준 것은 어린 시절 어머니와 함께 낭송하던 시들이었다. 따분한 서류들을 뒤적이고 번번이 실패로 끝나곤 했던 중재들을 반복하던 외교관 시절에도, 그는 시를 불러들여 숨쉬고 창공으로 날아다니곤 했다. 시는 우리 눈앞에 놓인 이 너절한 현실이 세상의 전부가 아니라는 증거였고, 초월을 가능케 해주는 도구였다. 퇴직한 외교관의 나른한 노년 대신 환희로 출렁이는 흥분에 찬 삶을 누리게 해준 것, 천상과 지상의 삶을 함께 지니도록 그에게 허락해준 것도 결국 대부분은 시의 힘이었던 것이다. 그는 이 책에서 모두 열한 편의 애송시와 시적인 글 들을 독자들에게 선물로 건넨다. 시인의 영혼을 더듬는 기분으로 번역할 시어를 고르는 일은 고되면서도 전율을 느끼게 하는 작업이었다. 각각의 시에선 서로 다른 악기가 연주하는 음악이 들려왔다. 에셀은 그렇게 나를 다시 시의 세계로 끌어당겨주었다. 내가 처음 파리에 왔을 때처럼.

이상주의자, 현실주의자

　사람들은 그를 이상주의자라 불렀고, 그는 자신을 현실주의자로 인식했다. 그는 유엔이 국가들의 욕망을 자제시키는 초자아로 기능한다고 생각했고, 세상은 진보해왔으며 여전히 더 큰 진보의 길로 나아갈 것이라고 믿었다. 그것은 그의 낙천주의가 그렇게 믿고 싶어해서가 아니라, 그의 현실주의가 역사의 진화를 명백히 관찰한 결과라고 말한다. 어떤 이들은 그의 낙천적 사관, 전선이 분명치 않은 그의 지나친 관용적인 태도를 비판하기도 했다. 그러나 그런 사람들은 현실적인 상황이 그들의 이상과 동떨어져 있을 때, 절망과 허무에 빠져 차라리 무위無爲를 택했다. 에셀의 현실주의는 바로 이럴 때 발현된다. 그는 절망해서 아무것도 하지 않는 대신, 현실이 허락하는 저항의 방식을 찾아내서 밀고 간다. 그 방법이 결국 그 어떤 확고한 결과를 가져오지 않는다 해도. 그러나 확실히 그의 칼끝은 무디기만 했다. 아니 그는 그 누구를 향해서도 명확히 칼끝을 겨누지 않았다. 그는 체 게바라도, 카를 마르크스도, 부르디외도 아니었다. 행복에 대한 취향과 정의에 대한 각별한 신념을 가진, 콧구멍에서 늘 흥이 넘쳐나는 한 은퇴한 외교관이었을 뿐. 사람들이 그를 에워싸고 그의 말을 들으며 열광했던 것은 그 말 속에 새로움이 담겨 있어서가 아니라, 그 말을 하는 사람의 삶이 뿜어내는 생명력과 환희에 넘치는 기운이 모두를 사로잡았기 때문이다. 그는 매혹의 화신이었다.

행복해야 한다. 그리고 주위의 모든 사람에게
행복을 전파해야 한다.

스테판 에셀이 평생 품었던 한 가지 사명이 있다면 그것은 바로 "행복한 사람이 되어야 한다"는 어머니로부터의 과제였다. 그의 어머니 스스로가 행복과 자유를 향해 질주하는 삶을 살았던 영화 〈쥘 앤 짐Jules et Jim〉의 실제 주인공이었으며, 젖과 꿀을 모두 자녀에게 전해준 멋진 엄마였다. 그는 어머니의 가르침대로 온 힘을 다해 행복해지려고 노력한다. 행복을 향한 그 불굴의 의지는 20대가 막 시작될 무렵, 독일의 침공을 받은 프랑스 땅에 유대인으로 살고 있던 지독한 불운마저 삼켜버렸다. 나치의 마수가 전 유럽을 덮으며 그가 신뢰하던 세상의 모든 정의를 바닥에

내던질 때, 분노의 힘을 지렛대 삼아 레지스탕스 운동에
투신했던 것, 질투하지 않는 사랑의 방법을 체득하고 모
든 사랑의 모험에 주저 없이 나섰던 것, 유일신을 믿는 종
교와 평생 거리를 두었던 것, 공동체의 자유가 위협당하는
매 순간 주저 없이 사람들 앞에 나선 것, 그 모두가 행복을
얻고 또 함께 나누고 싶어서였다. 그리하여 말년에 이른
그는 자신을 행복한 사람의 전형이라 말할 수 있게 된다.

그가 스스로를 이렇게 정의할 수 있었던 첫번째 이유는
전 생애를 통해 사랑할 사람을 많이 가졌기 때문이었다.

사랑을 사랑하라, 감탄에 감탄하라

"두 존재의 접촉 속에 인생의 가장 핵심적인 것이 자리
한다고 생각한다." 에셀은 이렇게 말했다. 아흔다섯의 나
이에도 여전히 불의에 저항하는 사람들이 그의 참여를 청
하면 기꺼이 일어나 응하는 단순한 활동가로서의 열정 못
지않게, 사랑을 사랑하고 아름다움을 찬미하는 것이 인생
의 중요한 명제임을 그는 알고 있었다. 그는 온 생애를 통
해 이를 실천했고, 기꺼이 이 생각을 말했다. 바로 이 지점

에 에셀이 가진 각별한 의미, 그가 불러일으킨 그토록 넓은 공감과 매혹의 핵심이 있다. 난 이걸 말해준 에셀이 고맙다. 그의 손에 입맞춤해주고 싶을 만큼.

이젠 누구도 개인의 행복을 해방과 승리의 '그날'이 온 뒤에 누려야 할 열매로 밀쳐두고, 대의를 위한 행군에 투신해야 한다고 말하진 않는다. 그러나 여전히 운동의 경건주의는 운동가의 삶이 연인의 달콤한 살내음에 대한 열정과 뒤섞일 수는 없다는 뉘앙스를 풍기며, 개인의 일상에서 누리는 희열은 내비치지 말아야 할 금기로 가두고 있다.

에셀은 손끝까지 저려오는 충만한 개인의 행복이 끊임없는 패배를 숙명으로 받아들여야 하는 활동가의 삶과 얼마나 조화롭게 병행될 수 있는 것인지를 명료하게 보여주었다. 마치 인간의 궁극적인 행복을 위해서는 사회적 소명과 개인적 소명이 결합되어야 필요충분조건을 채울 수 있다는 듯 그는 살아왔고, 또 확신을 갖고 말했다. 그의 존재 자체가 포근한 위로를 전하는 것은 바로 삶과 투쟁이 화해할 수 있게 해준 그의 한 세기의 삶이 모두에게 한없이 큰 소중한 선물이기 때문이다.

좋은 인생은 우리가 쌓아온 실패에도 불구하고 자신에게 믿음을 갖는 인생

그의 인생은 흔히 말하는 성공 신화의 연속이었던가? 객관적으로 보자면 오히려 그 반대였다. (사형 직전 수용소를 탈출한 일과 외교관 시험에 합격한 것을 제외하고!) 레지스탕스 활동을 시작하고 오래지 않아 그는 체포되었다. 외교관으로서 문제를 해결하기 위한 보고서를 만들어 제출하면, 그의 상사는 보고서를 높이 평가한 뒤, 그 서류를 서랍 속에 넣고 다시는 꺼내보지 않곤 했다. 심지어 그가 그토록 큰 열정을 담아 많은 동료들과 함께 작성해낸 세계인권선언문조차 결국은 상징적인 선언에 그칠 뿐, 지구촌 그 어디에도 이 선언문이 법적 효력을 가지는 나라는 없다. 그가 혼신의 노력을 기울인 불법체류자의 권리를 위한 투쟁도, 이스라엘의 만행을 규탄하는 운동에서도 어떤 뚜렷한 승리를 거둔 적은 없었다. 그러나 그는 여전히 이렇게 말한다. "나는 엄청난 행운을 누렸다. 내 노력이 내가 원하는 결과로 이어지지 않을 것이 명백한 순간에도, 나는 내 노력의 타당성을 조금도 의심하지 않았다. 좋은 인생이란, 우리가 쌓아온 그 모든 실패에도 불구하고, 자신에게 믿음을 갖는 인생이다"라고.

　고갈되지 않는 에너지, 지치지 않는 낙관주의, 행복에
대한 변함없는 취향을 지닌 이 사내는 이제 이 한 권의 책
을 남겨두고 떠났다. 우리의 두 손을 꼭 붙잡고 이렇게 말
하며. 그러니, 인생은 아름답지 않은가. La vie est belle!

2013년 4월, 파리에서

목수정

나이가 주는
특권

헌사

너희 흔들거리는 모습들, 다시 가까이 다가오는구나.
일찍이 한번 이 흐릿한 눈앞에 나타났던 모습들이여.
이번에는 나 너희들을 붙잡아, 놓치지 않게 되려는가?
내 마음은 아직도 옛날의 그 환상을 그리워하고 있는가?
너희들 마구 밀어닥치는구나! 그럼, 좋다. 그렇게 하라.
운무雲霧를 헤치고 내 주위로 솟아오르려무나.
내 가슴 청춘인 양 감동하는 것을 느끼나니,
너희 무리를 에워싼 마법의 입김 때문이리라.

너희들 즐겁던 시절의 영상들을 지니고 다가오나니,
사랑스러운 옛 그림자들 무수하게 떠오르는구나.
반쯤 잊혀진 옛이야기와도 같이
첫사랑과 우정의 기억이 새롭게 피어오르는구나.

다시금 아픈 마음으로, 내 인생의 탄식은

미궁 속에 빠진 방황의 길을 다시 되풀이하는구나.

그리고 너희들은 아름답던 시절에 행복에 속아,

나보다 먼저 사라져간 선량한 사람들을 부르는구나.

— 요한 볼프강 폰 괴테, 『파우스트』 중에서*

_____

* 이 헌사는 이인웅이 옮긴 『파우스트 1』(문학동네, 2010) 번역본을 따랐다.

불꽃처럼

　예기치 않은 일련의 상황이 놀랍고 저항할 수 없는 방식으로 다가와, 한 늙은 퇴역 외교관의 삶을 쉼 없이 춤추는 행렬로 바꿔놓았다. 그때 나는 열정으로 충만했던 지난 80년간의 세월 동안, 온 마음과 정신을 쏟아 겪어낸 경험들이 담긴 통의 뚜껑을 막 덮으려던 참이었다.

　선동적인 제목을 단 짧은 글이 내 펜 끝에서 로켓처럼 날아가 프랑스어권 국가들을 거쳐 모든 국경을 넘어갔고, 셀 수 없이 많은 독자들을 분노하게 했다.

　나는 그 글을 쓰면서 내가 감수해야 할 그 어떤 위험도, 나의 호소가 불러일으킬 그 어떤 열광적인 환대도 예측하지 못했다. 그런데 내가 그런 거대한 돌풍을 일으켰다니! 돌풍의 이유를 이해해야만 했다. 특히 거기에서 어떤 결론을 이끌어내야만 했다. 물론, 그 글은 매우 시의적절한 것이었다. 20년간 지속된 자본권력의 지배, 그 막강한 권력에 맞서 시민들을 보호하는 데는 무심했던 정부. 세계화된 사회는 그 사회를 구성하는 민중에게 절망적이고 앞뒤가 맞지 않는 그림만 제시하고 있었다.

나는 끔찍했던 1940년대의 악몽에서 빠져나오면서, 우리 세대가 건설하고자 했던 보다 나은 세상과 그 세상의 주춧돌로 삼은 자유와 성의의 가치를 새롭게 일깨우고, 북아프리카의 독재자들이나 산업화된 국가들의 불완전한 민주주의가 그런 가치를 어떻게 조롱했는지를 지적하면서 독자들에게 분노할 것을 요구했다. 이런 나의 호소가 앞서 언급한 바로 그 시점에 세상에 착지했던 것이다. 그러나 나는 그 상황에 계속 머물러 있을 수는 없었다.

일단 포문을 열었으니 탄알을 장전해야 했다. 제1차세계대전에 태어난 세대가 21세기를 살아내야 할 세대, 이 새로운 세기가 품고 있는 새로운 위협들에 맞서야 할 세대에게 마음으로 건네는 메시지에 구체적인 내용들을 채워넣어야 했다.

책의 성공으로 나는 의무감을 느꼈다. 내가 보기엔 너무도 당연하고 단순한 몇 가지 생각을 종이 위에 적었을 뿐인데, 그 글이 너무도 적절한 시점에 세상에 뚝 떨어지는 바람에 나는 화들짝 놀라기도 했지만, 내 글이 불러일으킨 반응에 큰 기쁨을 느꼈다. 강연회에서 젊은 청중들이 저마다의 걱정이 담긴 질문들을 내게 던지고 내가 시詩를 통해 그들에게 답을 제시할 때마다, 내 삶의 기쁨은 새롭게 생성되곤 했다.

잔잔한 말년의 삶을 누리던 늙은 외교관이 세상의 기대와 마주한 그 시간은 별처럼 빛나는 순간들이었다. 그리하여 나는 유럽 전역을 휩쓸고 다녔다. 바르샤바, 뒤셀도르프, 마드리드, 토리노, 밀라노, 리스본…… 받아들일 수 없는 것은 거부해야만 한다고 주장하며, 분노의 당위를 호소하는 격렬한 메시지의 전파자로서.

나의 이같은 행보가 너무 멀리 나아간 것은 아닌지, 혹은 사람들의 기대에 미치지 못하는 것은 아닌지 두려워질 만도 했다. 그러나 결과는 정반대였다. 그것은 노년(2011년 당시 내 나이는 93세였다)이 내게 선사한 최후의 도약이자 세상과 동시대인들을 향해 열린 새로운 창이었다. 내가 살아온 삶은 오늘날 내가 누리는 이 순간을 정당화하는가? 이 책을 탄생시킨 것은 바로 이 질문이었다. 나의 긴 인생에서 과연 무엇이 나로 하여금 그 메시지 전파자로서의 역할을 감당할 수 있게 한 걸까? 내가 아는 건 무엇일까? 남자와 여자에 대해, 이 세상과 사랑에 대해, 과학에 대해, 철학에 대해 그리고 정치에 대해 나는 무엇을 아는 걸까? 절로 감탄이 터져나온 경이로운 만남들에 대해 나는 무엇을 이야기할 수 있을까? 내 가족에게, 나의 어린 시절에, 그리고 내가 받은 감수성 교육에 나는 무엇을 빚졌을까? 아주 어렸을 때 시에 대한 사랑에 눈떴다는 사실이 오늘날 내가 맺고 있는 인간관계들과, 스스로 한 번도 현인으로 자처해본 적 없는 노인의 말을 꼼꼼히 귀담아듣는 젊은 청중들에게 어떤 영향을 미친 걸까?

각각 서로 다른 이유로 내 마음에 들었던 세 가지 언어를 배운 것이 내가 표현하고 소통하는 데 도움이 되었을까? 물론 어느 정도 그러했으리라. 그러나 스페인어, 러시아어, 그 밖에 매력적인 또 다른 많은 언어들을 말할 수 없다는 것은 얼마나 후회스러운 일인가.

"과거로 돌아가자, 그러면 진보할 것이다"

레지스 드브레*가 아흔 살 먹은 나의 귀에 대고 속삭여준 베르디의 이 말은 이 책을 집필하며 스스로에게 회귀해 있던 내 귓속을 파고들었다. 어차피 내가 쓰고 있던 것은 기나긴 삶의 결과로서 의미를 갖는 것이었으니 말이다. 바로 그 긴 삶을 통해 나는 많은 것

---

* Régis Debray(1940~), 프랑스의 작가, 언론인. 25세에 쿠바로 건너가 체 게바라의 혁명 동지가 되었고, 볼리비아에서 정치범으로 수형생활을 했다. 석방된 후 미테랑 내각에서 고위 공무원을 지냈고, 이후 미디어학자로 활약해왔다.

을 알고, 만나고, 발견하게 되었으며 매우 다양한 경험을 했다. 인간의 기억은 축적되어 의미라는 보물을 만들어낸다. 수많은 발명과 희망, 공포로 가득했던 한 세기를 완주했다는 사실, 이 모험을 온전히 몸으로 겪어냈다는 사실이 내게 정당성을 구축해준다. 어쩌면 나는 내 인생에 의미의 빚을 지고 있으며, 이제 나의 증언을 통해 그 빚을 갚을 수 있을지도 모르기 때문이다.

　장기 불황이 이어지고, 세대 간에 단절이 일어나고, 흥행을 중시하는 현대사회에서 나이는 이상한 가치를 지니게 되었다. 직접 체험한 일은 종종 현대인들에게 우리가 아직 하지 않은 일, 아직 완전히 파악하지 못한 것보다 덜 중요해 보인다. 페터 슬로터다이크는 그의 저서 『자발적 중독』[1]에서 '총체적인 유산의 거부'에 대해 이야기한다. "부모 세대로부터 단숨에 떨어져나가는 젊은 세대의 이 기이한 방식", 다시 말해 과거와 완전히 단절한 후에 모든 것을 스스로 새롭게 배우려고 하는 태도에 대해 언급한다. 바로 이 대목에서 문제가 발생한다. 어떻게 나 같은 늙은이가 세상을 향해 뭔가를 제안할 수 있을까? 그리고 왜 사람들이 다른 노인보다 내 얘기를 좀더 귀담아들어야 하는 걸까? 게다가 나는 정치 분야에서 사상가가 갖춰야 할 제대로 된 철학교육도 받지 않았다. 그러나 사람들은 분명 내 글이 지니는 가치가 내 사상의 힘보다는 내가 쌓아온 경험에 근거한다고 볼 것이며 그 판단은 옳다.

아무래도 이제는 결산을 해야 할 때 같다. 이 문제는 최근 몇 년 간 수차례 제기되어왔다. 1996년에 처음 이 문제가 제기되었다. 쇠이유Seuil 출판사에서 당시 79세였던 나에게 내 인생을 책으로 써보라고 요청해왔다. 나는 '작가'가 아니다. 나는 어린 시절부터 내 아버지를 통해 작가의 존재방식과 삶의 방식을 잘 알고 있었다. 내 아버지는 평생 동안 글을 썼고, 문학 외의 모든 것과 일정한 거리를 두며 살기까지 했다. 나는 그 운명이 감탄스럽긴 했지만 부럽지는 않았다. 나는 그 반대의 삶을 원했다. 세상의 거대한 강줄기에 참여하고 싶었다. 그래서 출판사의 제안을 받고 많이 주저했다. 쇠이유 출판사의 총서 담당자 프랑수아즈 페로는 계속 나를 설득했고, 결국 나는 넘어갔다. 인생을 결산한다는 것은 지난 80년 동안의 내 삶을 한 세기를 관통하는 춤으로 다시 경험하는 것과도 같았다. 땅에 발을 딛고 서 있는 나와 이제 그 끝에 다다른 한 세기. 그 세기와 함께한 삶을, 과연 불길할지 즐거울지, 인간의 긴 역사에서 황혼으로 남을지 아니면 새벽의 여명으로 남을지 알 수 없는 한 판의 춤으로 완성하는 것과도 같았다.[2)]

8년이 지난 뒤, 나는 두번째 마무리를 했다. 지극히 개인적이며 각별하고 절친한 범위 내에서의 마무리였다. 당시 나는 88세를 앞두고 있었다. 이 숫자는 나를 매혹한다. 두 개의 8을 눕히면, 두 개의 무한無限이 된다. 내가 즐겨 암송하는 시 88편의 씨줄처럼. 나는 로르 아들러*와 매우 '시적詩的'인 관계를 맺고 있었고, 그녀가 쇠이유 출판사의 편집장이 되면서 나의 책『오, 나의 추억이여』[3]를 출간했다. 이 책은 한 남자가 평생 동안 시와 맺은 관계들에 대한 보고서이자, 30여 편의 프랑스 시, 20여 편의 독일어 텍스트, 그리고 20여 편의 영시를 수록한 시선집이기도 하다.

이번에는 내 인생의 끝이 좀더 가까이 다가왔고, 나는 반갑게 맞이했다. 라이너 마리아 릴케가 비유했듯, 눈에 보이는 것들을 따모아 보이지 않는 것들의 거대한 벌집에 축적해두는 것처럼.

그러나 이 역시 끝은 아니었다. 나는 여전한 경계경보와 함께 90세를 넘어서도 살아남았다. 지난 시절의 기억이 의미를 찾을 수 있는 핵심적 가치의 보고寶庫로 갑작스럽게 재등극했고, 나는 그 기억을 소유한, 점점 희소해지는 생존자 중 한 사람이 되었다. 그리하여 나는 다음 세대를 향해 외칠 메시지 하나를 들고 글리에르 고원** 위에 섰다. 저항하라, 그것이 창조다. 창조하라, 그것이 곧 저항이다.

결론은 났다. 그것은 진실한 메시지 하나를 내게 남겨주었다.

---

* Laure Adler(1950~), 프랑스의 언론인, 작가, 출판인.
** Plateau des Glières, 프랑스 남동쪽에 있는 고원. 제2차세계대전 당시 레지스탕스 운동의 격전지였다.

바로 그 메시지를 통해 장미셸 엘비그와의 인터뷰집 『국경 없는 시민』[4]도 완성되었다. 이 책의 마지막 쪽에는 기욤 아폴리네르의 시 「빨간 머리 미인」이 실려 있고, 그 시는 이런 문장으로 끝을 맺는다. "나를 가엾게 여겨주오."

이로써 정말 모든 마무리가 끝났는가? 아직 아니다. 한 여자가 우리 동지들이 사라져간 뭉클한 기억이 남아 있는 사부아Savoie의 경치 좋은 특별한 장소에서 3천 명의 군중이 모인 가운데 내 연설을 경청하고 있었다. 역사의 각 단계에는 우리가 잊어선 안 되고, 유린해서도 안 되는 필수적인 가치들이 있다. 나는 그 연설에서 현 프랑스 정부*가 그런 것처럼 많은 정부들이 그 핵심 가치를 잊고 훼손하고 있지만, 우리는 그 가치들을 잊어서도, 그 가치들이 유린당하도록 내버려두어서도 안 된다고 주장했다. 그 주장을 귀 기울여 듣던 그녀는 장피에르 바루와 함께 앵디젠Indigène 출판사를 이끌던 실비 크로스만. 그녀는 그 자리에서 내게 또다른 책을 쓰게 하기로 결심한다.

그리고 몇 달 뒤, 우리의 만남은 『분노하라』로 탄생해 출간되었다. 이 짧은 선동문은 놀랍게도 전 세계로 퍼져나갔고, 내 인생에

---

* 사르코지 정부.

는 새로운 장^章이 열렸다. 여전히 할 일이 남아 있었던 것이다.

　그리고 또 한 사람의 여성 편집자 마렌 셀. 25년 전 내 아버지 프란츠 에셀의 책들[5]이 프랑스어 번역본으로 출간될 때, 편집을 담당했던 그녀는 젊은 세대에게 전해줄 목적으로 참여하는 삶을 사는 방법에 대한 일종의 개론서를 써주기를 청했다. 2010년 봄의 일로, 내가 미디어의 포로가 되기 몇 달 전이었다. 나의 인생과 그로부터 끌어낸 의미들에 대한 최종결산서를 쓰려는 지금의 시도…… 그러나 나는 여전히 이것이 마지막 시도일 거라고 감히 말할 수 없다.

받아들일 수 없는
것을 거부하라

이 사람을 보라

그렇다, 나는 내가 어디서 왔는지 알고 있다!
불꽃처럼 가라앉을 줄 모르는 나는
타오른다, 나를 탕진해버리기 위해.
내가 손에 쥔 것들은 빛이 되고,
내가 방치한 것은 재가 된다.
나는 확실히 불꽃이기 때문이다!

　　　　　　　　—프리드리히 니체, 『즐거운 지식』 중에서

모든 인간은 존엄성과 권리를 누리는 데 있어
자유롭고 평등하게 태어났다

나는 무엇을 배웠으며 무엇을 말하고 무엇을 전할 수 있을까?
일단 받아들일 수 없는 것은 거부해야 한다. 지난 수십 년 동안 사
람들은 할 수 있는 것이 아무것도 없다고 판단하고 체념해버렸다.
권력을 쥐기 전에는 모이는 것조차 불가능한 야당 인사들이건, 이
미 진 싸움이라 판단해 포기한 채로 위험한 권력이 쟁취한 승리에
무저항으로 일관하는 무리이건 말이다. 그들에겐 늘 부족한 자질
이 있는데, 그것은 인간을 존엄한 존재로 구별짓는 일이다.

　이것이 바로 내가 찾던 단어이다. 1948년 세계인권선언문 작성
자들이 휴머니티를 지닌 인간을 규정하려 할 때, 이 단어를 선택
했다. '존엄성'은 모든 종교와 철학에 들어맞는 개념이었기 때문
이다.

이것은 세계인권선언문 1장에 영감을 불어넣어준 개념이면서, 현재 우리가 사는 세계의 모든 문제점들을 요약해주는 개념이기도 하다. 모든 인간은 존엄성과 권리를 누리는 데 있어 자유롭고 평등하게 태어났다. 인간은 이성과 양심을 가지고 태어났으며, 서로를 위해 박애정신을 갖고 행동해야 한다.

　'받아들일 수 없는 것'이란 곧 인간의 존엄성을 침해하는 모든 것이다. 이는 종종 모종의 술책에 의해 이질적인 것에 대한 거부로 탈바꿈하기도 한다. 그 대상이 뭔가 부족하기 때문에, 그들이 너무 다르고 너무도 무력하며 위엄을 덜 갖추고 있기 때문에 거부하는 것처럼 비치기도 하는 것이다. 그러나 그 누구도 위엄을 덜 갖춘 존재로 하등하게 취급될 수는 없다. 그런 취급 자체가 받아들일 수 없는 것이다. 그리고 이런 상황에서 분노하는 것이야말로 정당한 행동이다.

　바로 이 대목에서 분노가 진정한 참여에 이를 수 있도록 진정한 길을 찾아가야 할 필요가 발생한다. 그저 거부의 형식을 취하든, 창백해지고 열받고 이를 박박 갈든 말이다. 그리고 분노할 대상을 찾는 것이 심각한 위험에 직면한 이 새로운 세상에 맞닥뜨린 이들에게 내가 전해야 할 첫번째 사명이다.

　이것은 양심의 문제다.

"내 머리 위엔 별이 총총한 하늘이,
내 가슴엔 도덕원칙이"—욕망과 원칙

나는 인류의 양심이 살아나도록 모든 수단을 동원해 전력투구해야 한다고 생각한다. 다마스쿠스*나 예루살렘, 바라나시** 혹은 라싸***로 가는 길에 있음직한, 영원한 축복의 초월적 개입 같은 것을 기대하는 게 아니라면 말이다. 사람이 초월적인 힘에 기대게 되는 것은 용기와 실천력이 심각하게 부족하기 때문이다.

우리에게 필요한 것은 양심 교육이다. 이것은 욕망과 원칙의 변증법 안에서 이루어지는 부드러우면서도 엄격한 훈련이다. 꿈과 현실, '인권'과 '또다른 새로운 인간형' 사이의 변증법이다. 이러한 한계와 강압에 저항감을 느끼기보다는 인정하는 편이 좋다.

어느 날 장클로드 카리에르가 나에게 인간의 선의와 본성에 대해 장담하는 것이 얼마나 위험하고 허망한 일인지를 언급한 적이 있다. 그는 루소의 자연주의라는 신화가 사람들로 하여금 원하는 방식대로 행하면 만사가 형통할 것이고, 도덕적 타락의 원천, 즉 사회의 권력구조는 저절로 제거될 것이라 믿게 만든다고 여겼다.

---

* 시리아에 있는 이슬람의 성지.
** 인도 갠지스 강 연안에 있는 힌두교의 성지.
*** 중국 서남부에 있는 티베트 불교의 성지.

물론 세상이 결코 루소식으로 돌아가진 않는다는 사실에 주목
했다는 점에서, 그의 의견은 옳다. 모든 전통은 개방하려는 의지와
문을 열지 않고 버티려는 의지 사이에서 유지되어왔다. 우리는 우
리가 온전히 선의로만 이루어진 존재가 아니라는 사실을 잘 알고
있다. 마음대로 행동하도록 허락받은 경우, 우리가 반드시 정의와
균형, 나눔처럼 인류가 늘 우선시해온 고귀한 개념들 쪽으로만 가
진 않으리라는 사실 또한 잘 알고 있다. 바로 이런 통찰 때문에 우
리가 법률이라는 것을 찾게 되는 것이다. 우리에겐 법률에 대한 합
의가 필요하다.

그러나 법률은 스스로 표방하는 범위, 지키고자 하는 가치에 대
해서만, 차단하고자 하는 불의에 대해서만 힘을 행사한다. 그러므
로 법률은 근본에서부터 정당성을 되찾아야 한다. 정당성이 부족
하면, 법이 정당성을 갖추고 있다고 주장하는 사람들로부터 지지
를 받을 수 없기 때문이다. 최근 일부 교사들이 보여준 복종에 대
한 거부는 바로 이 지점에서 정당화된다. 무엇이 정당하고 무엇이
그렇지 않은가에 대한 모든 판단이 선명한 양심에 따라 이루어지
기 위해서는 민주적으로 각료를 선출해 정부를 구성하는 것만으로
는 충분치 않기 때문이다.

바로 이 부분에서, 발터 벤야민이 역사철학에 관한 논문에서 보
여준 명석함을 다시 발견할 수 있다. 가장 소외되고 가장 존중받지

못하며 가장 가진 것 없는 계층에서 발전에 대한 연구의 가장 핵심적인 문제들이 도출된다. '발전'이라는 단어는 일부 특정 지배계급이 누리는 이익의 무한 축적을 의미하는 것이 아니다. 발터 벤야민이 절대 처분하지 않으려 했던 파울 클레의 그림 〈새로운 천사〉에서, 날개 펼친 천사를 공포에 질린 채 뒷걸음치게 하는 격렬한 숨결이 바로 그 지배계급의 것이다.

우리는 거의 반사적으로 독재자들을 향해 비난의 말을 던진다. 그리고 그들을 권좌에서 끌어낸 사람들을 향해 갈채를 부른다. 그러나 현대 민주주의는 특권층의 사유재산을 지키기 위해 탄생한 법이 다수의 진정한 희생자들을 초래하였을 때, 이들의 실존적 요구에 대해서는 무감하게 지나치는 경우가 많다. 이런 경우 열의를 갖고 비판의 목소리를 낼 필요가 있음에도 불구하고 우리는 그러지 않는 경향이 있다.

우리 사회의 역사적 진보에서 가장 중요한 시점에 이른 오늘날, 일반시민들을 대표하는 사람들이 맡아야 할 역할의 중요성이 바로 여기에 있다. 이것은 1789년 제헌의회 때 '삼부회 청원서'를 제출하던 사람들이 맡은 역할에 비견할 만하다. 오늘날 시장의 참을 수 없는 독재에 대한 진정한 해답으로 사회연대경제의 틀을 넓히기 위해 클로드 알팡데리의 주도하에 '희망의 청원서'를 들고 모인 사람들의 역할도 이와 비슷하다.

또한 이것은 패전한 프랑스가 다른 나라에 점령당했을 때, 장 물랭과 함께 모인 레지스탕스 국민회의 구성원들이 했던 역할과도 같다. 나는 당시 만들어진 프로그램을 글리에르 고원에서 다시 새롭게 지지한 바 있다. 그 속에 담긴 모든 가치들이 오늘날 위험에 처해 있기 때문이었다. 레지스탕스 대원들은 어떤 차별도 구분도 없이 인류를 위해 우리가 함께 수행해야 할 임무에 대한 신념을 갖고 있었고, 그것이 그들의 행위를 이끄는 유일한 원동력이었다. 또한 이것은 나치 독일이 저지른 현대사의 가장 가공할 사건인 대량학살 이후, 각 정부에 의해 임명받은 것이 아니라 오직 능력으로 선발되었던, 세계인권선언문을 작성하기 위해 모인 사람들이 했던 역할과도 같다.

자, 이제 우리는 인류를 위해, 지구를 위해 어떤 생각을 해야 할까? 세계인권선언문을 작성하던 시절, 우리는 단지 서로 행동하는 방식뿐 아니라 생명체 전체에까지 관여하는 것이 우리 인간들의 책임이라고는 의식하지 못했다. 어쩌면 우리는 인간을 창조주에 의해 만들어진 존재인 동시에, 창조주가 만든 자연과는 다른 존재로 생각하는 유대 그리스도교적 전통의 불합리한 측면에 지나치게 영향을 받았던 것인지도 모른다. 이에 따르면 인간은 교만해질 위험성이 너무나 크다.

장클로드 카리에르는 성경의 창세기가 인간의 자연 착취를 정당화한다고 말한다. 서구의 전통 안에서는 인간이 생태계에서 우월한 존재라는 정서가 여전히 존재하는 듯하다. 이는 아시아의 종교적 전통에서 자연과 인간 사이에 유지되는 질서와는 매우 다르다. 교회는 그런 프로메테우스적 '오만'의 결과를 바로잡으려 했다. 그러나 교회의 영향력은 극도로 작아졌으며, 방법론적 측면에서 따라잡기 어려운 수준으로까지 뒤처졌다.

9세기에서 19세기에 이르는 동안 교황이 회칙 요목에서 말했던 것을 떠올려보자. "새로운 생각으로부터 오는 모든 것을 기부해야 한다. 옛 경구에 따라 실천해야 한다." 끔찍하지 않은가. 그런데 이런 생각이 그리 오래되지 않은 과거(1864년)에까지도 언급되곤 했다.

이런 생각은 권위에 근거한 논리가 범할 수 있는 오류의 결정판이다. 만약 우리가 성경에 나오는 문구들을 엄격하게 지키려 한다면 완전히 길을 잃고 말 것이다. 우리는 스스로를 파괴하지 않고는 지구를 지배할 수 없기 때문이다. 그러므로 지구가 인간이며 인간이 곧 지구라는 사실을 인정하기 위해 반드시 불교 신자가 될 필요는 없다는 원리를 받아들여야만 한다. 슬로베니아의 대통령 밀란 쿠찬은 카를 마르크스가 했던 이 말을 즐겨 인용했다. "자연과 인간 사이에 벌어지는 이 갈등에서 우리는 어느 쪽이 유죄인지 잘 알고 있다."

학자, 상인 그리고 정치가

받아들일 수 없는 것을 거부하는 일은 첫걸음에 불과하다. 우리는 반드시 정신의 진보를 따라야 하며, 창조적인 사고로 고취된 현실공동체의 각성을 향해 진화해가야 한다. 그리고 발터 벤야민, 테오도르 아도르노, 사르트르 혹은 메를로퐁티 같은 지난 시절의 지성인이나, 페터 슬로터다이크, 장클로드 카리에르, 레지스 드브레, 에드가 모랭(이 밖에도 많지만 전부 다 인용하지는 않겠다) 등 오늘날 우리 곁에 있는 사상가들과 지적으로 긴밀하게 교류해야 한다. 나는 과학, 정치, 시 등 서로 완전히 다른 분야의 흐름들이 문제를 자각하고 인류의 가장 핵심적인 가치들을 환기하는 과정에서 한목소리로 수렴되는 것을 보고 대단히 놀랐다.

이러한 나의 발견에는 내가 교류하는 그룹 구성원들 사이의 선택적 유사성에 기인한 일종의 착시현상이 개입되었을 수 있다. 나는 그러한 지적에 귀기울일 용의가 있다. 그러나 인류, 적어도 서구사회가 정신적, 과학적 측면에서 새로운 도약을 앞두고 있다는 내 확신을 부정할 순 없을 것이다. 우리가 통과하고 있는 정신적, 정치적 위기는 낯설지 않다. 낯선 것에 대한 두려움, 변화에 대한 불안, 하이데거가 말한 것처럼 장차 다가오는 것을 두 팔 벌려 끌어안지 못하게 하는 망설임만이 우리를 여전히 보수적이고 소심한 부정^{否定} 속에 가둘 뿐이다.

　잠시 과학의 상황을 살펴보자. 지난 2~30년간 가장 많이 진보한 영역이 무엇인가? 바로 과학이다. 과학은 환상적인 진보를 이루었다. 덕분에 우리는 사람과 세상, 물질에 대해 훨씬 더 자세하고 탄탄한 정보를 갖게 되었다. 그렇지만 과학자는 모범적인 인물로서 타인에게서 큰 존경을 받는 직업인 것만은 아니다. 과학자는 위험에 연연하지 않으며, 자신의 발견이나 발명이 가져다주는 즐거움을 가장 처음으로 즐기는 사람이다 구슬치기를 하고 놀던 아이가 나중엔 폭탄을 가지고 노는 법이다. 슬로터다이크가 환기했듯이, 우리는 원하든 원하지 않든 핵 발전과 유전자 코드의 수호자 노릇을 하고 있다. 우리는 인간으로 하여금 어설픈 조물주 노릇을 하게 하는 이같은 새로운 지식의 도입 단계부터 우리가 과학기술과 맺는 관계에 대해 신중히 고민해야 한다.

　매우 적절한 사례 한 가지를 소개하겠다. 핵폭탄은 과학의 문제가 아니라 정치의 문제이다. 히로시마, 체르노빌, 후쿠시마 사건은 세균 배양, 생명공학, 유전자 복제, 유전자 조작 식품 등과 마찬가지로 인류 전체에 심각한 문제인 것이다.

　이런 일들이 지나치게 성급히 진행될 경우 받아들일 수 없는 것은 거부해야 마땅하며, 그것은 위정자들이 정의하고 설정해야 할 양심의 문제가 된다. 예를 들어 핵문제에서 실질적으로 문제되는 것은 그것이 과학적, 기술적으로 가능한지, 또 합리적인지 아닌지를 아는 것이 아니다. 위험성을 가늠해보는 것도 아니다. 한 공동체가 핵문제의 위험성을 감당할 준비가 되어 있는지를 아는 것이 관건이다. 이것은 그야말로 정치가의 몫이다.

이때 과학자는 정치가의 역할을 대신할 수 없으며, 정치가도 과학자에게 자신의 자리를 넘겨줄 수 없다. 특히 이들 사이에 장사꾼이 끼어들어 상호 간에 득이 되는 비전을 제시한다면, 오늘날 과학의 역할은 어디서 찾을 수 있을까? 더 많은 이익을 얻기 위해 우리가 과학에 맡기는 역할은 무엇인가? 바로 여기에 피할 수 없는 질문이 있다.

이에 대한 결정적인 답변은 물론 없다. 이 대목에서 유명한 경구 하나를 인용하겠다. "양심 없는 과학, 인간을 소외시키는 과학은 과학이 아니다." 그러나 우리를 둘러싼 모든 것의 과학화가 인간을 소외시키고 있다. 이런 현상은 조화로운 삶을 추구하는 모든 사람들이 가진 희망을 사라지게 하기 때문에 위험하다. 나는 이미 수년 전부터 과학이 본디 어울리지 않는 영역에서 길잡이 노릇을 하려 들 때마다 '과학'이라는 단어에 어떤 불신을 품게 되었다. 우리의 이성은 너무 자주 과학적 증거에 제 역할을 떠맡기고, 이 복잡다단한 세상에서 살아가는 데 필수불가결한 사고로부터 도피하곤 한다. 모든 것이 과학적으로 입증되어야만 한다. 그렇지 않으면 그것은 존재하지 않는다. 에드가 모랭이 그의 저서 『방법Méthode』*에서 말한 '호모 루덴스(유희의 인간)'는 어디 있고 '호모 데멘스(광기의 인간)'는 또 어디로 갔는가? 과학의 영역에서 온전히 다뤄지지 않는 모든 것들은 어디에 있는가? 특히 우리로 하여금 모든 발견을 하게 해준 우리의 능력은 어떻게 되는 것인가?

나노 기술이 불러올 미래에 대해 들을 때면, 나는 걱정하지 않을 수 없다. 나노 기술에 대한 이야기를 들으면, 지난 30년간 금융 경제가 지배해온 사고방식이 여전히 사라지지 않았으며, 불행하게도 이번에는 과학의 탈을 쓴 새로운 형태로 연장되고 있는 것만 같다. "우리는 모든 것에 대한 해답을 가지고 있다. 그러니 정부는 우리를 가만히 내버려두는 게 좋을 것이다. 종이에서 음악에 이르기까지 모든 것은 나노 기술로 해결될 것이다." 물론 여기에는 정부가 참여할 몫을 어느 정도는 남겨둔다는 전제가 당연히 깔려 있다.

나는 정부가 대대적인 투자를 하는 분야, 특히 과학적인 발견을 실용화하는 공공 투자의 방향성에 대한 공개 토론이 부재한다는 사실을 통탄한다.

이 대목에서 나는 역사적 유물론의 오만과 과학적 사회주의의 자만을, 그리고 언제나 자신의 활동 범위를 확장하는 데만 혈안이

---

* 에드가 모랭의 대표저서로, 1977년부터 2004년 사이에 집필되었고 총 6권으로 구성되어 있다. 각 권은 자연, 삶, 앎, 사상, 인간성, 윤리에 대해 다룬다.

되어 있는 상업시스템과 과도한 기술주의(테크노크라틱)의 조류를 함께 발견한다. 현재 우리가 살고 있는 시대만큼 사실과 가치 사이의 불화가 심각했던 적은 없다. 에드가 모랭과 페터 슬로터다이크는 한목소리로 오늘날의 과학이 맞닥뜨린 위험을 이렇게 지적한다. 오늘날 과학은 엄청난 권력이 되었고, 동시에 모든 윤리적 통제는 실패했으며, 정치적 측면에서의 규제는 과학에 대한 어리석은 규제와 눈먼 진흥 사이에서 주저하는 듯하다고 말이다.

두번째 한계가 있다(이것은 좀더 시적이다). 에드가 모랭이 그의 저서들에서 지적한 바에 따르면, 우리는 과학 덕분에 현실세계와 생명에 대해 상상을 초월하는 것들을 발견했다. 또한 이 경이로운 지식은 불가사의들을 제거한다. 우리는 우주가 대폭발의 결과로 생겨났다는 사실을 알고 있다. 그런데 어디서 일어난 대폭발인가? 어느 허공에서? 우리는 알 수 없다. 원자물리학에서 현실의 진정한 실체는 무엇인가? 사라지는 물질은 어디로 가는가? 우주의 기원은 무엇이며, 또 우주의 종말은 무엇인가? 생명은 왜 생겨났는가? 인간은 왜 존재하는가?

수많은 불가사의가 여전히 존재한다. 그러나 설명할 수 없다는 것이 곧 불가능을 의미하지는 않는다.

에드가 모랭은 그의 저서에서, 특히 『방법』 시리즈를 통해 인간 두뇌의 미래에 대한 독창적이고 풍부한 비전을 발전시킨다. 사이버네틱스(인공두뇌학)와 정보이론에서 출발한 순수한 의미의 두뇌 연구에서, 그는 우리의 두개골 속에 있는 이 기계(두뇌)가 어떻게 작동하는지를 이해하기 위해 환상적인 집중 현상에 주목한다. 에드가 모랭은 이 연구의 방향을 하나의 목적, 하나의 영역으로 규정지을 수 있다고 생각하는 것은 실수라고 단언한다. 왜냐하면 이 연구를 통해 정신은 단어를 통해서 표현되지만 뉴런(신경단위)은 전기화학적 교환을 통해 표현된다는 것, 그러므로 뇌언어와 정신언어 사이에 복잡한 관계가 형성되며, 정신을 두뇌로 한정짓는 것은 실수라는 모순적인 사실을 발견하기 때문이다.

한편 인간의 두뇌는 주어진 문화적 조건들 아래서만 감정을 말하고 표현할 수 있는 정신 상태가 발현된다. 사회와 사람들로부터 완전히 격리된 원시 상태에서 발견된 늑대소년 혹은 버려진 아이들을 그 증거로 들 수 있다. 어렸을 때 말하는 것을 배우지 못한 이 아이들은 문화와 언어, 지식이 갖춰질 때, 그리고 이 모든 것이 두뇌에서 확산될 때에만 인간의 정신이 깨어난다는 사실을 보여주었다. 문화는 누에고치이며 자궁이다. 문화는 보수적인 비열함과 혐오에 기인한 거부, 그리고 비정상적인 공격을 정당화해주는 경직되고 폐쇄적인 정체성이 아니라, 이런 프로그램이 생성될 수 있게 하는 공간이다.

에드가 모랭의 고찰에서 유감스러운 점은, 여러 분야의 현대 신경과학(뉴로사이언스)이 아직 서로 간의 연결고리를 찾지 못하고, 다른 종류의 과학들이 그렇듯이 병렬 상태에 놓여 있다는 것이다. 이것은 연구를 더디게 하는 한 원인이다. 그러나 우리는 이미 매우 흥미로운 사실들을 알고 있다. 명상중인 불교 승려의 뇌를 단층촬영한 사진은 이들이 수행중일 때 뇌가 기능하는 모습을 객관적으로 시각화해준다. 수행중인 승려의 뇌를 보면 자아와 비아非我 사이의 구분을 결정하는 뇌 중심부의 활동이 억제되어 있다. 얼마나 매혹적인가. 이는 사랑의 황홀경에 다다라 자신을 완성한 동시에 자기 자신을 잃은 인간의 뇌와 비견할 만하다. 여기서 우리는 인간의 복잡성에 대한 첫번째 가르침을 재발견한다. 학자가 전하는 이 가르침은 정치가를 위한 것이다. 정치가들은 상인을 이해하기에 앞서 인간의 복잡성을 이해해야 할 것이다!

막다른 골목으로부터의 탈출 — 삶의 총체성을 생각하라

상인의 지배는 곧 계산의 지배다. 우리는 이 지배로부터 탈출할 수 있음을 입증해야 한다. 계산적인 잣대만 가지고 인간을 측정하려 한다면, 인간을 전체적으로 파악할 수 없기 때문이다. 인간을 객관적으로 탐색하고 분석하는 방법에는 뇌전도, 신체 측정, 정신

분석 등 수천 가지가 있다. 그러나 우리의 현실은 이 모든 계산을 비껴간다. 삶, 죽음, 도덕, 사랑, 증오는 모두 '양量적 지배'를 비껴간다.

바로 여기에 예술의 우월함이 있다. 초월적 본성을 지닌 시, 현실을 정화해 표현하는 연극, 그리고 상상을 영상으로 전환하는 꿈 같은 연출 방식의 영화. 특히 이 모든 영역을 총괄하는 소설이 그렇다. 소설은 사회과학, 심리학, 사회학보다 훨씬 더 멀리 나아간다. 소설은 구체적인 인간 존재들을 그들의 주관성 속에, 그들이 속한 사회적 그룹 속에 놓고 무대 위에 세운다. 에르네스토 사바토*는 오늘날 인간의 조건을 총체적으로 관찰할 수 있는 유일한 관측소가 소설적 픽션이라고 말한 바 있다.

내가 보기엔 시 또한 인간 조건을 관찰하는 관측소로서 과학보다 더 쓸모가 있다. 시는 더 깊은 곳에 존재하고 더 필수적인 것들을 우리에게서 드러내는 역할을 한다. 이 심장의 고동 속에 세상이 담겨 있으며, 모든 인간 존재가 그것을 함께 나눈다. 그러니 에드가 모랭 같은 현자의 충고에 한번 귀기울여보자. 과학의 진실에 한계가 있고 과학이 무력한 지점이 존재한다는 것을 인정하자. 과학자들은 자신이 다루는 모든 대상을 객관적으로 측정하는 방법을

---

* Ernesto Sabato(1911~2011), 아르헨티나 출신의 작가, 평론가, 인권운동가, 물리학자.

알고 있지만, 자신의 고유한 주관성을 알지 못하고 자기 자신을 알지 못한다. 후설은 1930년에 열린 멋진 컨퍼런스에서 과학자들의 정신에 맹점이 있음을 지적하면서 이렇게 말했다. "그들은 자기들이 누구인지 모른다. 사물에 대해서는 안다. 그러나 자기들이 무엇을 하고 있는지는 알지 못한다."

그러나 잊지 말자. 과학은 방향이 설정되어 있지 않은 엄청난 모험이라는 사실을. 그 방향을 설정하는 것이 위대한 과학자들만의 전유물이 될 수는 없다. 과학자들은 시인, 정치가, 시민, 윤리학자, 철학자 들과 연대하여 함께 그 방향을 설정해야 한다.

메를로퐁티는 파리 고등사범학교École Normale Supérieure에서 확고한 반反데카르트주의자의 입장을 다음과 같이 고백한 바 있다. "인간은 육체와 정신을 분리할 수 없는 합성체이다." 이것은 내게 오래도록 값지게 남았던 매우 강력한 사고방식이다. 이 사고는 나로 하여금 내가 맺은 인간관계들에서 충만함을 누릴 수 있게 해주었다. 그 관계가 사랑하는 사람과의 것이든, 아니면 단순히 스치는 만남이든. 나는 생각할 거리를 만들어주는 지적 교류뿐만 아니라, 우리의 심장을 뜨겁게 하는 감정적 교류에도 매우 민감한 사람이다.

메를로퐁티는 그가 소위 '살'이라고 부르는 부분에 큰 의미를 둘 줄 알았던 위대한 철학자이다. 분명한 것은 너무나 많은 사상가들이 자신의 주장이 지닌 추상성을 그 사상이 진지하다는 표시로 여긴다는 사실이다. 그렇게 그들은 현실과 육신을 잊어버린다. 키에르케고르는 헤겔식 철학을 조롱하면서 이렇게 익살을 떨었다. "그 교수는 세상에 존재하는 모든 것을 안다. 그러나 그 자신이 누구인지는 알지 못한다." 그러나 이렇게 사람을 떼어놓고 사고하는 방식을 경계하는 태도, 즉 이 세상 속의 자기 존재를 직시하는 사고는 일찍이 소크라테스 때부터 존재했다.

물론 철학은 스스로 퇴화할 수 있다. 이는 철학이 개념화라는 메마른 영토로 완전히 멀어져갈 뿐 아니라, 영혼의 울림에 귀먹어가는 일이다. 오늘날 현대인에게 통용되는 생활의 지혜가 현명함이라는 과거의 기준에 한정될 수는 없다고 생각한다. 우리 안에는 분명 거대한 광기의 가능성이 내재되어 있기 때문이다. 완벽하게 합리적인 인생은 가능하지도, 바람직하지도 않다는 사실을, 존재의 진실은 이성과 열정의 분리할 수 없는 결합에 있다는 것을 인정하자. 다시 말해 이성 없는 열정은 있을 수 없으며, 열정 없는 이성도 있을 수 없다.

철학적 규율의 퇴화는 슬로터다이크의 위험하고 엉뚱한 문장에 잘 요약되어 있다. "오늘날 현대철학은 그 기교의 정점에 서 있다. 현대철학이 우리에게 뭔가 할말이 있다면, 현대철학은 그것에 대해 어떻게 말할 것인지를 우리에게 설명할 것이다." 다소 심하게 현대철학을 조롱했지만 정확한 지적이다.

그러나 현대철학은 여전히 두 가지 측면에서 핵심을 관통한다. 하나는 지금까지 분명해 보였던 것들에 대해 문제 제기를 할 도구를 제시한다는 점, 또하나는 살아 있는 삶과 관조하는 삶 사이에 일정한 조화를 구축하게 해준다는 점이다. 이러한 조화는 결국 충만한 삶으로부터 나오는 결과물이기도 하다. 철학은 또한 냉소주의에 대한 보호막이 될 수도 있다. 교양인이라 불렸던 인문주의자들처럼 '의미'로의 회귀를 택하는 것이기도 하기 때문이다.

빛을 찾는 자 누구인가

받아들일 수 없는 것을 거부한다는 것은 지금 이대로의 세계를 거부하는 것을 의미한다. 알베르 카뮈는 이렇게 말했다. "우리가 사는 이 세상에 뭔가 지켜야 할 것이 정말로 있다면, 나는 보수주의자가 될 것이다." 물론 우리가 획득한 소중한 것이 얼마쯤 있다는 것은 분명하다. 이에 대한 문제 제기는 받아들일 수 없다. 그러나 받아들일 수 없는 것을 거부한다는 것은 단지 어떤 사실 그 자체를 거부한다는 의미만은 아니다. 좀더 나은 대안을 찾기 위해 우리는 저항한다. 자유와 인간의 존엄성이라는 가치와 조화를 이루는 방향으로 대안을 찾기 위해, 그렇지 않은 것을 거부하는 것이다. 그러나 과연 누가 항상 새로울 수 있단 말인가?

따라서 우리는 인간의 창조성에 호소해야 한다. 조립된 이론만 가지고, 다른 사람들이 우리의 천재적인 계획을 보고 영감에 사로잡히리라 기대하면서 그들을 위해 이 세계를 축조하려 드는 것은 무모한 짓이다. 오늘날 진정한 도전은 내일의 새로운 세상을 구체적으로 만들어내고, 새로운 날을 찾는 사람에게 그들이 찾는 변화가 일어나도록 도와주는 일이다. 곳곳에서 이런 의식화가 진행되고 있다. 인간의 창조성은 왕성하게 개발되는 중이다. 우리는 친환경 연대, 유기농 공동체 등 활기차게 상호 협동하며 구성원들에 의해 자발적으로 관리되는 운동들을 곳곳에서 찾아볼 수 있다. 이런 단체들은 왕성하게 활동하고 있지만, 곳곳에 흩어져 있고 많은 사람들에게 알려져 있지 않을 뿐이다. 이들은 행정 당국으로부터, 정당들로부터, 그리고 지배계급으로부터 외면당하고 있다. 이 모든 시민운동들은 주변부에 머물러 있다. 이들을 흡수 동화하거나 표준화하려는 유혹 또는 자본주의 시스템에 기인한 규격화 시도 등에 대범하게 저항할 만큼 운동이 아직 단단하지 못하기도 하다. 그러므로 진정한 도전은 이들의 존재를 알려 많은 사람들이 이들의 경험을 인정하게 하고 서로 나눌 수 있게 하며, 그럼으로써 이들이 시너지 효과를 발휘하여 거대한 혁신운동으로 이어질 수 있도록 물줄기를 대주는 것이다.

　나는 에드가 모랭이 주장했듯 근본적으로는 모든 것이 다 개혁되어야 한다고 본다. 경직되고 관료화된 행정과 조직 들, 경제와 재정 구조, 분배체계만이 개혁의 대상인 것은 아니다. 모든 것, 식량, 소비를 비롯한 우리의 모든 삶이 바뀌어야 한다. 교육과 사고 개혁을 비롯한 이 모든 개혁은 상호 연결되어 있으며, 상호 연대적이기도 하다. 이들은 서로를 전선으로 이끌어야 하며, 서로를 잃거나 한구석에 고립되어 있어서는 안 된다. 이것은 구소련의 역사가 우리에게 시사해주는 바이기도 하다. 경제체제를 완전히 바꾸었지만 관습도, 사람도, 그 무엇도 바꾸지 않자 결과적으로 새로운 독재가 형성되지 않았던가.

　결국 내 주장은 우리의 존재를 탈바꿈하는 데 기여하고 거대한 변혁이라는 하나의 큰길로 연결될 다양한 길들을 만들어가자는 것이다. 희망의 정치는 바로 여기서부터 시작된다. 나는 2009년 유럽의회 선거 기간 동안 페터 슬로터다이크, 폴 비릴리오와 함께 '희망의 정치'를 위한 호소에 동참한 바 있다. 이들은 인간에게 고갈되지 않는 자원인 창조성과 희망에 호소했다. 인간은 희망 없이는 아무것도 할 수 없기 때문이다.

　아, 그러나 나이든 사람들은 역사 속에서 너무나도 큰 오류를 범한 탓에 완전히 좌절해버린 듯하다. 그리고 젊은 세대는 길을 잃고 방황할 때 무엇에 의지해 다시 길을 찾아야 할지 잘 모른다. 에드가 모랭은 이들을 향해 야심찬 계획을 전개했다. 목표를 그려보는 것이 가능하다는 것을 보여주었다. 다양한 의도를 지닌 길들, 수많은 호의를 지닌 길들을 보여주면서, 각자 독창성을 갖고 길을 가면서 얻게 될 힘에 대해 확신할 수 있게 해주었다. 이를 위해 분노는 우리가 거쳐야 할 첫 단계이고 필요한 단계지만, 그것만으로는 충분치 않다. 분노 이후에는 사상과 예측 그리고 다르게 해보려는 강력한 의지가 필요하다.

주의할 것이 하나 있다. 나는 지금 이 『길』⁶이 성경을 대신할 소명을 갖고 있다고 말하는 게 아니다. 이것은 하나의 기여이고 제안이며 권유일 따름이다. 이 책의 저자가 소개하는 그대로, 알지 못하는 누군가에게 인간의 가능성을 발견하도록 권유하는 것이다. 진정한 창조는 그것이 무엇을 만들어낼지 알지 못한다. 모차르트가 〈레퀴엠〉을 작곡하고 연주하기 전에 사람들은 그런 음악을 상상이나 할 수 있었을까? 수렵생활을 하던 시대부터 싹트기 시작한 인간사회가 겨우 1만여 년 뒤인 현재, 우리의 도시와 문명에 이르리라고 누가 상상이나 했을까? 미래는 옹색한 행정가의 '해야 할 일 리스트'에 불과한 정치 프로그램 안에 기록되지 못한다.

역사를 넘어서?

8000년 안에 인류 역사가 종말을 맞을 거라고 믿는 것은 실수다. 신석기시대 초기부터 시작해 우리 인간들은 15만 년의 원시시대를 겪어왔다. 우리가 일어날 법하지 않은 일에 대해 확신을 갖고 다가올 대격변의 의미를 가늠하기 위해서는 역사의 깊이가 필요하다. 이제 이런 이야기는 여기서 끝내자. 후쿠야마[*]와 '시장에서의 자유민주주의'라는 부드러운 이름으로 불리는 마법의 주문에 의해 종말에 이르게 된 그의 엉성한 헤겔식 판타지를. 정반대로 이제는 역사를 시간의 한쪽 끝에서 다른 쪽 끝까지 걸쳐 있는 실로, 또는 불확실한 기원과 종말을 가진 것으로 볼 것이 아니라, DNA의 구조와 비슷한 나선형 스프링 모양으로 감겨 있는 구불거리는 리본 같은 것으로 봐야 할 때이다.

우리는 지금 일종의 역사를 넘어선 세계를 창조해내는 중이다. 에드가 모랭은 인류의 창조성 개발에 흔적을 남긴 '메타역사métahistoire'를 이야기한다. 이 세상은 깊고 예측할 수 없는 지각변동의 움직임 속에 있다. 일어날 법하지 않은 돌발상황들이 발생한다.

---

[*] Francis Fukuyama(1952~), 일본 출신의 미국 미래정치학자. 유럽의 사회주의 붕괴를 지적한 논문 「역사의 종언」으로 주목받았다. 1992년에는 이 논문을 바탕으로 『역사의 종언과 최후의 인간The End of History and the Last Man』을 출간했다. 이 책은 공산권이 패배하고 자유민주주의가 주류가 됨으로써 헤겔과 마르크스적 의미의 역사는 끝났다는 내용을 담고 있으며, 그의 이론은 신자유주의자들을 위한 논리로 사용되었다.

새로운 세상은 이미 나타나기 시작했으며, 우리는 볼테르가 언급했고 우리가 여전히 머물고 있는 전全 지구적인 '철의 시대'를 벗어나는 중이다. 따라서 지식, 사상, 정신의 개혁이 시급하다. 물론 교육개혁이 반드시 더해져야 한다. 교육개혁 없이는 다른 개혁들도 불가능할 뿐 아니라, 오히려 정반대 방향으로 흘러갈 것이다. 에드가 모랭은 이 점을 주장했고, 그의 사상은 내 생각과 일치한다. 한편으로는 우리의 '확신'을 밑바닥부터 꼭대기까지 다시 살펴보는 의지를 가지고, 다른 한편으로는 일어날 법하지 않은 일에 내한 믿음을 가져야 할 것이다.

나는 개인적으로 일어날 법하지 않은 일에 믿음을 품어본 적이 있다. 1940년 여름, 마르세유에서였다. 유혈이 낭자하고 끔찍하고 치욕적이던 그해 여름은 민주주의의 종말처럼 다가왔다. 프랑스는 패배했고 영국은 거의 무릎을 꿇었으며 러시아는 나치 쪽으로 기울었다(현존하는 민주주의체계가 타락해가는 모습을 낱낱이 드러내면서……). 우리는 세계대전이라는 이 비열한 도살장에서 유일한 무기일 거라고 여겼던 민주주의가 승리하게 할 기회를 놓치고 말았다. 절망이 유행하던 시절이었다. 바로 그때, 나는 발터 벤야민을 다시 만났다.

우리는 마르세유에서 몇 시간을 함께 보냈다. 분명히 기억나는 것은 그때 나는, 완전히 좌절에 빠져 더이상 희망을 믿지 않으며 출구를 찾을 의욕조차 갖지 못하게 된 누군가에게 내가 해줄 말이 있다고 느꼈다는 것이다. 당시 막 스물세 살이 된 나는, 벤야민에게 모든 것이 잘될 것이며 결국 잘 풀릴 거라고 말했다. 내 머릿속에는 드골 장군의 호소가 새겨져 있었고, 그 호소에 답하리라 다짐하고 있었다. 나는 '있을 법하지 않은 일'이 조만간 일어나리라는 나의 확신을 벤야민에게 설파했다. 우리가 알지 못하지만 그것은 반드시 오고야 말 것이라고. 아무것도 분명하지 않았고 명확하게 정의되어 있지 않았지만, 내게는 희망을 궁극적으로 상실하는 일은 있을 수 없다는 확고한 느낌이 있었다.

이 느낌은 내 목숨을 걸어야 했던 그 전쟁이 진행되는 환멸의 시기 내내 나를 따라다녔다. 그러고 나서 한참 후에도, 이를테면 대처와 레이건을 필두로 신자유주의 경제가 내 젊음을 바쳐 싸워가며 구축해놓은 가치들을 갉아먹으며 모든 것을 침략하고 잠식하기 시작한 1980년대에도 이 느낌은 여전히 나를 따라다녔다.

희망이 우리의 적이라면, 혁명은 어디쯤에

장클로드 카리에르는 나보다 좀더 회의적이다. 그는 낙관주의를 경계하고, "희망은 우리의 적이다"라고 한 『바가바드기타』의 경구를 따를 것을 권한다. 만일 우리가 예상 밖의 어떤 일이 일어날 거라고 기대한다면, 우리는 오랫동안 기다릴 수 있다. 만약 희망이 있다면, 그것은 우리 자신에게서 나올 수밖에 없으며 우리의 일상적 작업을 통해서만 만들어질 수 있다. "우리가 바라는 변화가 세상에 일어나기를." 간디는 이렇게 말했다.

투키디데스*가 한 말도 생각해보자. 그는 단호하게 선택해야 한다고 했다. "아무것도 하지 않거나 자유롭거나." 이 말은 자유란 끊임없는 투쟁이 동반될 때 주어지는 권리임을 의미한다. 만약 아무것도 하지 않는다면 우리는 탐욕과 야심, 우리를 둘러싸고 있는 모든 비열함과 저속함에 단숨에 먹히고 말 것이다. 완전히 삼켜지고, 결국 전 지구적인 위기마저 닥칠 것이다. 그러므로 우리가 선택한 이 작은 길에서, 소박한 차원일지라도 끊임없이 싸워야 한다. 이것이 첫째 조건이다. 우리 자신의 정원에서부터 이 투쟁을 시작해야 한다. 그러지 않으면 결국 우려하던 일이, 거대하고 필수불가결한 대격변이 어느 날 우리에게 다가오는 최악의 상황에 처할 수 있다.

아랍 혁명을 예로 들어보자. 독재자의 몰락과 자유에 대한 민중의 갈망에 갈채를 보내야 한다는 것은 분명하다. 그 민중들은 문화

---

* Thucydides(BC 460?~BC 400?), 고대 그리스의 역사가. 장군이었으나 추방당해 20년간 망명생활을 하면서 『펠로폰네소스 전쟁사』를 저술했다.

적, 정치적으로 약탈자의 수레바퀴 멍에에 매달려 있도록 선고받았다. 그러나 진정한 도전은 이제부터다. 어떻게 하면 과거로부터 반복되어온 문제를 되풀이하지 않고 이 역사적 변화를 최대한 이용할 것인가? 무슨 일이 벌어질 것인가? 법률가들은 어디에 있고, 그 자리에 있어야 할 입법자들은 또 어디에 있는가?

성공을 거둔 내 작은 책 『분노하라』에서, 나는 분노와 희망을 마주 놓을 것을 권유했다. 그러나 분노는 문제를 해결할 수 없게 만드는 방법일 수도 있다. 물론 분노 안에는 희망의 가능성 혹은 소위 말하는 '앙가주망'의 가능성이 있다. 그것이 바로 슬로터다이크가 말한 '훈련' 혹은 '고행'이다. 고행은 중요한 몇 가지에 자신을 집중시키기 위해 불필요한 것들을 많이 포기하는 방법이기도 하다. 나는 이런 훈련이 불교와 호의적으로 결합할 수 있는 개념이라고 생각한다. 우리에게 닥쳐온 문제들이 이런 방법을 통해 당장 해결되는 것은 아니지만, 그런 방법을 통해 받아들여지고 내면에서 소화되고 천천히 흡수되면서 결국 해결책을 도출해낼 수 있기 때문이다.

그러나 이런 방법들이 우리에게 고통을 주고, 우리를 놀라게 하고, 혼란에 빠뜨릴 수도 있다. 이에 반응하지 않는다는 것은 불가능하다. 불교의 기초를 이루는 것으로 여겨지는 부처의 중요한 가르침 중에 "너로부터 오는 모든 것을 기다리라"는 구절이 있다(우리는 이 구절을 모든 시대의 모든 나라에서, 불교 학교들이 출간한 책들에서 찾아볼 수 있다). 델포이의 아폴론 신전에서 절대명제로 삼았던 "너 자신을 알라"도 같은 맥락이다.

장클로드 카리에르는 다른 형태의 희망은 존재할 수 없다고 말한다. 어떤 초월적 존재도 우리의 문제를 해결해주러 오지는 않을 것이기 때문이다. 외부의 도움을 바라며 초월적이고 초자연적인 힘의 도래를 기대하는 순간, 우리는 싸움에서 진다.

도저히 받아들일 수 없는 상황에 맞서서 서구사회기 취한 가장 보편적인 반응은 혁명을 일으키는 것이었다. 다양한 역사적 순간들마다 젊은이들은 정치적 행동에서 혁명은 알파요 오메가라고 생각하는 경향을 가지고 있었다. 나는 젊은이들에게 다니엘 컨벤디*가 1968년 5월 혁명에 대해 했던 이야기에 귀기울여보라고 충고하고 싶다. 나는 우리의 뜻을 행동으로 옮길 수 있는 또다른 형태의 길이 있다고 믿는다. 반드시 거리에서 일을 벌이는 방식이 아니더라도, 좋은 의도를 가진 교양 있는 남성과 여성 들이 협력을 통해 보다 나은 입법체계를 만드는 일은 가능하다.

'혁명'이란 무엇인가? 그리고 '개혁'이란 무엇인가? '비폭력'과 비폭력을 통한 진보는 또 무엇인가? 이미 모든 사람에게 명백한

---

* Daniel Cohn-Bendit(1945~), 1968년 5월에 일어난 학생운동의 중요한 일원이었으며, 지금은 녹색당 지도자로서 유럽의회를 중심으로 활동하고 있다.

이야기이며 진부해진 이야기일지라도, 다시 강조해 말하는 것이 허락된다면, 나는 20세기의 혁명에 관한 전체적인 평가가 좋지 않다는 사실을 역설하고 싶다. 20세기에 일어난 대부분의 정치적 움직임들이 그 정통성이나 정당성과는 무관하게 대개 극단으로 치달았다는 것, 전 세계 인류의 이름으로 거창한 이데올로기를 내걸었지만 전제주의나 폭정, 독재로 빠져들었다는 것은 명백한 사실이다. 러시아혁명은 역사의 중요한 국면이었고 이상이었으며, 인류의 의식에 많은 기여를 했다. 그러나 전체주의의 압제 속에서 실행된 그 구현방식에는 부러워할 만한 것이 아무것도 없다. 수용소에서 행해진 강제노동과 고문 등의 만행은 명백히 단죄되어야 한다. 혁명이라는 개념은 그렇게 그 매력을 잃게 되었다.

극복된 절망

나는 "분노하라"고 말했고, 많은 사람들이 이 말에 귀기울였다. 그러나 내가 미래 세대에게 전해주고 싶은 더 근본적인 메시지는 용기와 회복탄력성résilience이다. 베르나노스*는 이렇게 말했다. "우

---

* Georges Bernanos(1888~1948), 프랑스의 소설가. 장편소설 『어느 시골 신부의 일기』 『사탄의 태양 아래서』 등의 작품을 남겼다.

리에게 필요한 것은 희망이다. 그리고 가장 고차원적인 희망은 극복된 절망이다." 그렇다. 받아들일 수 없는 것에 맞서 분노하는 것만으로는 충분하지 않다. 분노는 건강하지 못한 감정이며 증오를 가져온다고 말한 스피노자의 말에 일리가 있기 때문만은 아니다. 심지어 스피노자는 분노하지 말고 조롱하지 말고 울지도 말고 이해하라고 조언한다. 외국인 혐오자가 자기 나라에 사는 수많은 외국인들을 보고 격분하는 모습을 상상해보면 스피노자의 발언이 이해가 된다. 어리석고 우스꽝스럽고 건강하지 못한 수천 가지의 분노가 존재한다.

분노는 하나의 명백한 의도와 연결될 때만 가치를 발휘한다. 스피노자도 감정이 이성의 통제하에 있다면 이해는 감정을 동반해야 하며, 이는 분노에도 똑같이 적용된다는 사실을 인정한다. 분노 자체는 명석함의 표식이 될 수 없으며, 분노를 정당화하는 뚜렷한 이해가 수반되어야 한다. 분노 자체만으로는 세상의 이해를 도모할 수 없으며, 세상의 이해를 도모할 수 없는 분노는 허공에서 맴돌 뿐이다.

나는 분노에 대한 내 작은 찬가가 거둔 놀랍고 급속한 성공에 아직도 당혹스러워하는 중이다. 그것이 프랑스 사회에(그리고 프랑스 사회를 넘어) 정확히 얼마만큼의 영향을 주었는지 알아보고자 한다면, 이 감정은 화려한 피날레가 아니라 다시 시작하는 출발점이 되어야 할 것이다.

우리가 살고 있는 프랑스 사회 같은 곳에서는 분노해야 할 (정당한) 이유가 무수히 많다. 그러나 분노 자체로 상황을 충분히 개선할 수 있다고 생각하는 것은 정직하지 못한 일이 될 것이다. 나는『분노하라』의 몇몇 구절을 통해, 비폭력은 우리가 갈등의 원인들을 제거하고자 할 때 취해야 할 정치적 노선이며 필수불가결한 전략이라는 사실을 말하려 했다.

그럴 때, 분노는 첫걸음이 될 수 있다. 분노는 우리를 자각하게 해주고, 의식을 일깨우고, 체념한 사람을 무관심에서 빠져나오게 하고, 좌절로부터 걸어나와 우리의 마음을 자극하는 일에 맞서 저항하고 싸우는 일이 가능하다고 믿게 해준다. 그러나 이것은 생각의 첫 단계, 붉은 신호등, '길의 시작'에 불과하다. 이 도약의 순간이 또다른 움직임을 방해해서는 안 된다. 우리는 정당하고 중대한 임무를 달성하기 위한 우리의 능력을 결코 평가절하해서는 안 된다. 이것은 내가 나의 아이들, 친구들, 그리고 내 주변의 사람들에게 끊임없이 전하고자 하는 바이기도 하다. 우리의 모든 노력이 아직 큰 결실을 거두지 못했을지라도, 이러저러한 이유로 우리가 실천해온 앙가주망이 아직 성공의 화관을 쓰지 못했을지라도 우리는 다시 시작해야 한다.

이것은 첫 단계일 뿐이며, 아직 적절한 때가 오지 않았다고 말할 수 있어야 한다. 상황은 충분히 진전될 수 있으며, 더 적절한 시기가 올 거라고 스스로를 다잡아야 한다. 이렇게 하는 것이 힘들다는 사실을 부인하지는 않겠다. 바로 여기에 나의 슬픔이 있다. 나의 슬픔은 내 생각을 대략 말로 표현할 수는 있으나, 내 말을 현실로 탈바꿈시킬 수는 없다는 데 있다. 나는 수많은 국제중재를 시도했는데, 대부분 처음엔 실패했고, 두번째, 세번째 만에야 중재 시도가 성공하곤 했다.

그런데 이 모든 중재 시도들이 결정적인 효과를 발휘하시는 곳하고 있다는 사실을 깨닫는다. 말이 현실로 옮아가는 과정은 확실히 매우 힘들다. 특히 정치가도 정부 요인도 아닌 사람의 말인 경우 실현 가능성이 떨어지는 것은 분명하다. 그러므로 나는 최대한 겸손한 태도로 이렇게 말할 수밖에 없다. 내가 마음속 깊이 의미를 부여하는 가치들이 현실 속에서 조금씩 실현되기를 바란다면, 희망과 믿음의 메시지를 퍼뜨리는 데 앞장서는 것으로 만족해서는 안 된다고. 그 메시지를 실현하는 과정에서 마주칠 수밖에 없는 어려움에 굴하지 않을 용감한 사람들에게 그 메시지를 직접 전해야 한다는 사실을 기억해주기 바란다.

혼란에 맞서 다시 도약하는 용기

포기를 거부하는 것에 대해 이야기하기 위해, 최근의 역사, 특히 베를린 장벽 붕괴에서 시작해 조지 부시의 대통령 당선으로 마감되는 20세기의 마지막 10년 동안으로 돌아가보자. 여러 사안들에서 진전이 있었다. 1992년 리우데자네이루에서 환경회의가 열렸고, 1993년에는 빈에서 세계인권회의가 열렸다. 이어서 1994년에는 코펜하겐에서 기후회의가, 1995년에는 베이징에서 세계여성대회가 열렸다. 많은 국가들이 이 국제회의들에 참가하여 우리가 환경, 인권, 그리고 여성의 지위와 역할에서 진보를 이룰 수 있다는 사실을 확인하고 그 가능성을 입증해 보였다.

지난 20년간은 위대한 도전들이 국제적으로 인식되기 시작한 기간이었다. 특히 환경문제가 앞으로 얼마나 중요한 문제가 될 것인지 깨닫는 시기이기도 했다. 어떤 사람들은 1990년대가 강화된 개인주의와 이상의 상실 사이에서 의식의 타락이 시작된 시기라고 여기기도 한다.

그러나 내가 겪은 1990년대는 좀 다르다. 동유럽이 자유의 환희를 누리는 동안, 불행하게도 신자유주의는 시카고학파가 말한 대로 세계금융경제를 규제 완화의 방향으로 급속히 몰고 갔다.

1993년 빈에서 인권에 대한 마지막 유엔 회의가 열렸을 때, 나는 프랑스 대표로 그 자리에 참석하는 특권을 누렸다. 이 회의에서 남반구 국가들은 북반구 국가들에 '개발의 권리'를 당당하게 주장했다. 지금까지 이것은 미국을 비롯한 소위 선진국들에게 언어도단으로 간주되어왔고, 오히려 권리와 정반대되는 의미로 여겨졌다. 그러나 권리의식이 깨어나면서 개발의 권리에 대한 새로운 인식이 출현했다. 남반구 국가들은 북반구 국가들이 맺은 협약이 노동권, 주거권, 건강권 등을 전 세계에서 존중되어야 할 보편적 권리로 간주한다는 사실을 상기시켰고, 그렇다면 남반구 국가들에게도 개발의 권리를 인정해줘야 한다는 자각이 일었던 것이다. 개발의 권리를 침범할 수 없는 권리로 인정한 사람은 당시 미국 대통령이었던 지미 카터였다.

이것은 극적인 상황에 처한 남반구 국가들에 대한 작은 양보였다. 그러나 여기엔 엄청난 의미가 담겨 있었다. 이 양보는 상호의존성Interdépendance을 인정하겠다는 의지였으며, 이 지구별에서 공존해야 한다는 의지를 피력한 것이기도 했다. 한편 당시의 전반적인 흐름은 이런 의지에 부정적인 편이었다. 남반구 국가들이 직면한 문제들은 그다지 중대하게 취급되지 않았으며, 사회경제의 안정에 대한 관심도 점점 줄어드는 추세였다. 그러나 리우 회의에서 시애틀 회의에 이르는 동안 1992년 리우 세계정상회담에서 21개의 어젠더가 채택되었고, 1997년 교토의정서에서는 진보적인 정신을 담은(혹은 거부한) 텍스트를 채택하게 되었다. 매번 진보의 수위는 매우 약해 보였고, 채택된 텍스트의 정신도 이후 반드시 지켜지지는 않았지만, 어쨌든 함께 채택한 프로그램은 남아 있다. 세계인권선언이 처한 상황도 이와 엇비슷하다. 세계인권선언도 선포되기는 했으나 실질적으로 적용되지는 않았다. 그러나 그것은 존재한다. 곳곳에서 수많은 사람들, 시민단체들이 이 선언문이 실질적으로 적용되기를 끊임없이 요구하고 주장하고 있다.

이러한 시간들이 흐른 뒤, 다시 10년이 지나갔다. 어느 정도는 후퇴의 시간이었던 이 10년은 아들 부시가 대통령으로 당선된, 혼란으로 점철된 선거에서부터 시작되었다. 이윽고 뉴욕 세계무역센터 붕괴라는 끔찍한 소동이 이어졌다. 2000년에서 2010년에 이르는 이 시기는 암울했다. 그 시절 우리는 엄청난 어리석음을 감내해야 했고, 지구촌에서 가장 강력한 힘을 가진 나라들은 용서받을 수 없는 실수들을 자행했다. 충분히 강하므로 규모를 아무리 확장해도 해체될 위험이 없다고 순진하게 믿었던 유럽은 자기모순에 빠졌다. 미국인들은 아무리 좋게 말해도 기본적인 양식조차 갖추지 못한 한 남자를 8년 동안이나 떠받들어왔다. 그리하여 우리는 아프가니스탄, 뒤이어 이라크가 신新식민주의라는 어리석음의 놀이터가 되어가는 모습을 지켜보았다. 이 시기는 진정으로 끔찍했으며, 사상과 국제정치가 초토화된 시기였다.

발터 벤야민이 그토록 좋아했던 클레의 그림 〈새로운 천사〉를 감상하면서 우리는 이렇게 생각했다. '이제 발전이 도래하고 있다. 그것은 우리를 밀어낼 것이다. 그리고 점점 더 나쁜 방향으로 갈 것이다.' 그러고 나면 우리는 심각하게 좌절할 수밖에 없는 좋은 핑곗거리를 갖게 될 것이다. 그러니 지금이야말로 프리드리히 횔덜린을 떠올려야 할 때이다. 내가 아는 가장 위대한 독일 시인인 그의 말을 들어보자. "위험이 자라는 그곳에, 우리를 구원해주는 것도 같이 자란다." 이것은 살아갈 날이 얼마 남지 않은 늙은이의 편안하고 안일한 유토피아로의 도피인가? 아니면 귀에 쏙 들어오는 신뢰의 메시지인가……

최악의 상황이 정말로 올지는 확실치 않다. 분명한 것은 불확실한 희망뿐일지라도 확신을 갖고 살아내야 한다는 것이다.

측은지심의 힘

하나 이상, 분명히……

후고 폰 호프만슈탈

(…)

깊은 망각 속으로 떨어진 민중의 피로,

내 눈꺼풀에 무겁게 내려앉는 그 피로를 나는 피할 수 없으며,

공포에 질린 내 영혼으로부터 떼어놓을 수도 없다.

저멀리, 별들이 조용히 몰락해간다.

내 운명 옆에서 함께 운명을 직조하는 이들은 많다.

삶은 그 모두를 동시에 울리게 한다.

그리고 내 몫의 운명은 이러한 삶으로 요약되지 않는다.

가느다란 불꽃이나 덧없는 시 같은.

"사람의 의지로 해낼 수 없는 것은 없다,
그 의지가 강렬하기만 하다면"

스테판 에셀, 『세기와의 춤』 중에서

우리를 위협하는 힘들을 탐지해내는 것은 그리 어렵지 않다. 이 세력들은 대대로 이어져내려오는 리비도에서 힘의 근원을 찾는다. 우선 지난 10년간 전 지구적 차원에서 중요한 화두로 대두된 '소유욕libido possidendi'은 엄청난 부를 가진 극소수의 부자들(현실적인 의미에서나 그 잠재성에 있어서나)이 최대한의 이득을 취하도록 판도를 이끌었다. 이들은 자신이 소유한 부를 더 확대시키는 것 외에는 다른 목적이 없는 부류이다.

또다른 위협은 아무런 거리낌 없이 천연자원을 착취하려는 자들로부터 온다. 이들은 자연을 늘어만 가는 인간의 필요를 충족시키기 위해서는 언제든지 착취해도 좋은 고갈되지 않는 대상으로 여긴다. 이는 범죄에 가까운 수준의 무지라고 할 수밖에 없다. 우리는 너무 늦게 자연의 한계를 인식하기 시작했다. 자연이 마음껏 날개를 펼쳐 영속할 수 있는 조건을 유지하면서, 우리가 자연을 침범할 수 있는 범위가 어디까지인지를 묻는 일에 이제야 눈을 뜨기 시작했다.

또다른 힘의 근원은 '지배욕libido dominandi'이다. 권력을 향한 이 갈증은 정치지도자를 폭군으로 탈바꿈시키고, 시민을 신하로 전락시킨다. 이것은 수컷의 정신상태가 지닌 특징이기도 하다.

이 두 가지 욕망에 대항하여 나는 측은지심compassion을 제안한다. 측은지심은 연민sympathie보다 더 너그러운 감정이며, 그것을 받는 사람의 입장에서는 동정pitié보다 덜 불쾌한 감정이다. 나는 레지스 드브레로부터 박애가 결코 간단하지만은 않으며 꽤 복잡하다는 것을 배웠다. 각자의 다양성으로 인해 끊임없이 충돌하는데, 어떻게 우리 모두가 형제가 될 수 있단 말인가? 그러나 누군가 우리를 만나러 올 때, 특히 우리가 그들보다 유리한 상황에 있다면(피난처를 찾아 유복한 사람들을 찾아가는 이들의 경우처럼) 그들을 위한 측은지심이라는 보물을 우리 안에서 찾아낼 수 있을 것이다. 매우 인간적인 정신의학자인 내 친구 베르나르 코르디에는 행동이나 말, 측은지심의 표현, 기부 등을 통해 타인의 안위를 걱정하는 사람은 그러한 행동이나 감정을 통해 스스로의 행복도 증진시킬 수 있다고 확신한다.

그러나 굳이 달라지려고 몸부림칠 필요는 없다. 오히려 필요한 것은 되풀이해 말하는 것이다. 세상을 바꾸고 싶어하는 이들은 모두 옳다. 물론 세상은 변화해야 한다. 그러나 우리가 이미 배우고 익힌 것을 모두 백지화할 필요는 없다. '바꾼다는 것'은 실은 잘못된 길로 들어서지 않기 위해 우리가 축적한 경험 속에서 좋은 길을 선택하는 것이다.

모든 것은 나 자신과 함께 시작된다. '측은지심'과 '보살핌care'이라는 단어는 영어권 국가의 사회학에서는 이미 잘 알려진 개념으로, 나는 이것이 가장 훌륭한 형태의 연대를 의미하고 상징한다고 생각한다.

여러 각도에서 볼 때, 측은지심은 가장 좋을 때나 가장 나쁠 때나 열정과 함께한다. 물론 이 단어에 기독교식의 동정이라는 의미가 다소 숨겨져 있긴 하지만 말이다. 연민은 너무 가볍다. 그리고 연민은 진정으로 세상의 문제에 참여하는 것과는 관계가 없다. '연민'은 불충분하고, '동정'은 상대방을 하등하게 취급한다는 의미가 있기 때문에 상처를 준다. 반면 측은지심 속에는 함께하려는 의지와 세상을 바꾸고자 하는 의지가 집약되어 있다. 사회가 보다 정의롭고 존중할 만한 방향으로 변화하기를 더불어 소망하는 마음이 있는 것이다.

측은지심의 힘은 바로 여기에 있다. 인간사회를 바꾸는 데 사회

구성원들의 단단한 의지와 끈끈한 연대보다 더 큰 동력은 없다.

상호의존과 연대

나는 장클로드 카리에르와 함께 불교철학에 대해 의견을 나누
곤 했다. 그는 나에게 무상無相, 상호의존(모든 생태의 기초이며 불교
신자들에게는 생명의 자명한 이치이기도 하다), 비폭력, 이 세 가지
개념을 설명해주었다. 내 영혼은 상호의존이라는 주제에 곧장 반
응했다.

미셸 로카르, 에드가 모랭, 엔리케 카르도소, 르네 파세, 메리
로빈슨, 페터 슬로터다이크, 밀란 쿤찬, 마이클 도일 등 나의 동지
들, 그리고 여러 나라의 다양한 친구들과 정기적으로 만나는 컬레
지엄 인터내셔널Collegium International은 정치과학에서는 다소 새로
운 이 개념을 자발적으로 익히고 있었기 때문이다.

말이 나온 김에 컬레지엄 인터내셔널에 대해 좀 설명하겠다. 컬
레지엄 인터내셔널은 현대사회의 여러 문제를 다루고자 하는 집
단 지성의 요구에 부응해 조직되었다. 현대사회가 직면한 다양한
문제들에 답하기 위해서는, 매우 다르지만 동시에 매우 중요한 경
험을 가진 사람들이 함께 머리를 맞대고 연구할 필요가 있다. 어떤

이는 추상적이고 철학적인 고찰의 경험을 가졌고, 또 어떤 이는 정치 경제 이론을 꿰고 있다. 또다른 이들은 사회집단을 이끈 경험을 갖고 있다. 한 나라의 수장이었던 사람들이기 때문이다. 컬레지엄 인터내셔널이 지난 10년간 존재해온 윤리적 과학적 정치적 동기는 이러하다. 한 국가의 원수였거나 정부 요인이었던 사람 혹은 인류의 미래를 위한 핵심문제들에 관해 개인적으로 깊이 고찰해온 사람들이 서로 대화하고 질문하고 대답하고 듣는 것. 이들은 서로 다른 지평에서 왔을 수도, 정치적으로 완전히 적대적인 입장일 수도 있다. 그러나 서로 만난다. 인류의 공익이라는 유일한 관심사가 이들의 만남을 이끈다. 이 모임의 목적은 복합적이면서도 야심차다. 사실 인류의 공익 증진이라는 이름으로 수많은 끔찍한 일들이 행해져왔기 때문이다. 그렇지만 최대한 정직하게 말해서, 이것만이 우리가 유일하게 가치를 둘 수 있는 목적이기도 하다.

2000년대 초에 우리는 '상호의존의 세계인권선언'을 만들어내려고 했다. 이것은 탁월한 능력을 가진 편집자 미레유 델마마르티의 재능에 힘입어 우리가 합의에 이른 최초의 글이기도 했다. 우리는 이 선언문을 국제관계 개선을 위한 새로운 시도로서 모든 나라의 대표들이 참여하는 유엔 본회의에 투표 안건으로 제안할 생각이었다. 2001년 9·11 사태 직후라는 어려운 시기에 국제적 수준에서의 상호의존과 공고한 연대에 가치를 부여할 필요가 있다고 여겼다. 다시 말해 이 지구촌에 살고 있는 사람들 간의 상호의존을 공식적으로 인정하고 모두에게 반드시 필요한 연대의 길을 열고자 한 것이다.

'상호의존'이라는 용어는 분명 여러 방식으로 쓰인다. 그러나 내가 생각하기에 '연대'라는 용어에는 한 가지 해석만이 가능하다. 지금 우리가 불교에 관해 말하고 있으니 불교적인 해석을 먼저 살펴보면, 상호의존은 만물이 서로 기대어 사는 존재라는 인식을 의미한다. 달라이 라마는 상호의존이 자아 팽창의 절제를 의미하며, 이는 매우 중요하다고 지적한다. 그러나 이 말은 조금 유감스럽게 들릴 수도 있다. 상호의존이란 독립적인 상태를 체념한다는 의미도 되기 때문이다. 독립성을 결코 포기할 수 없으며 독자적인 상태에 자부심을 느끼는 사람이 상호의존을 독립의 반대 개념으로 받아들일 때, 이것은 제한적이며 거의 부정적인 의미까지 띠게 된다. 반면 각각의 개인, 공동체, 국가가 자신들이 좀더 큰 집합체에 속해 있다는 사실을 이내 받아들인다면, '독립성'과 관련된 오해는 충분히 넘어설 수 있으며, 이때 상호의존은 새로운 출구가 된다.

그러므로 상호의존은 각 구성원들의 독립성에 반대되는 개념이 아니다. 상호의존은 다양한 독립체들이 그 안에서 자신의 자리를 찾아나가며 서로에게 지나치게 관여하지 않는다는 조건하에서 서로에게 자극을 주는 유연한 개념이다.

국민주권의 수호자들, 문화와 종교의 분리를 강력하게 지지하는 사람들, 서로 다른 문화의 연계 자체를 거부하는 사람들은 길을 완전히 잘못 든 셈이다. 소련의 핵발전소가 우크라이나에서 폭발했고, 아이슬란드의 화산은 주변 국가들의 하늘에 화산재를 토해냈다. 그리고 아랍의 봄, 지구온난화에 의한 해수면 상승, 전 세계에 유행하는 노래…… 그 어떤 나라도 섬일 수는 없다(영국조차도). 그 어떤 현실 혹은 가상의 마지노선도, 핵구름 확산, 이민자 유입, 해수면 상승도 "yes we can"*을 믿출 수는 없다. 어쩌면 상호의존의 총체적 흐름이 어떤 위험성을 내포할 수도 있다. 그러나 상호의존은 이미 논란의 여지가 없는 현실이다.

세상의 영역을 넓히자 ― 불가능의 지평

타인에게 관심을 갖자는 것은 전혀 새로운 생각은 아니다. 모든 종교와 몇몇 철학자들이 누차 이야기해온 오래된 생각이다. 사랑, 우정, 배려, 매혹 등에 충분한 가치를 부여해야 한다. 충족되지 않는 욕구들로 인한 욕구불만에 갇혀 있지 않기 위해 우리는 이러한

---

* 미국 대통령 버락 오바마의 대선 슬로건이었으며, 전 세계로 확대된 시민정치운동의 흐름을 상징하는 슬로건이기도 하다.

감정에 힘을 실어줘야 한다. 유익한 분노에 개인적인 변화의 욕구가 더해져야 한다. 그리고 바로 지금부터 삶과 세상에 대한 새로운 교육을 진작해야 한다. '자기 자신에 대한 공부'는 여러 잡지와 현대 정신분석학에 의해 다소 때가 묻은 표현이긴 하지만 공허한 단어는 아니다. 페터 슬로터다이크의 책『네 삶을 바꿔야 한다』[7]는 인류가 거의 3천 년 전부터 좀더 많은 욕구를 충족할 수 있는 존재로 진화하기 위해, 각 시대마다 주어진 세상의 비전에 비추어 행한 훈련들을 다룬 일종의 교본이다.

　어쨌든 우리는 기이한 성장을 목격하는 중이다. 세상은 점점 더 빠르고 직관적인 테크놀로지의 충격 속에 좁아졌고, 개인들의 우주는 어마어마하게 확장되었다. 슬로터다이크는 자신의 저서에서 세계의 확장이라는 이 보편적인 흐름과 이에 동반되는 문제점들을 이야기한다. 여러 민족과 언어, 사상, 세상의 다양성이 지닌 진가를 맨 처음으로 감지하는 제국은 세계에 최초의 거대한 비전을 탄생시킨다. 중국, 인도, 고대 이란, 고대 팔레스타인, 그리스, 이집트, 이 모든 문명은 각자 독특하면서도 한편으로는 서로 비교되는 유산을 남겼다. 이 유산은 스스로의 영혼을 세상의 확장된 영역으로 연결하고자 했던 엘리트들에게 변혁을 위한 토대가 되어주었다. 우리의 역할은 이러한 전통의 끈을 다시 잡아 현대적인 교육 사상에 연결시키는 것이다.

슬로터다이크는 청소년에 대한 교육을 되살려야 한다고 믿는다. 그는 200년 전부터 계몽주의 사상가들이 발전시켜온 모든 종류의 윤리에서 가장 결정적인 실수가 바로 이 부분을 무시한 점이라고 생각한다. 아마도 이 실수는 중세식 교육에 대한 거부와 나약한 스콜라 학파식 가르침에 대한 거부에서 비롯되었을 것이다. 그러나 선의에 호소하는 것만으로는 부족하다. 명상은 단번에 습득되지 않는다. 그림 그리기, 글쓰기, 셈하기가 그런 것처럼. 칸트가 말했듯 우리는 단지 좋은 의도만을 가지고 도덕적인 행동을 만들어낼 수는 없다. 덕망 있는 행동은 우리로 하여금 어려운 것과 쉬운 것을 함께 경험하게 하는 '아비투스'* 안에서 구현되어야 한다. 이것이 삶의 연금술이다. 우리는 몸과 정신을 구성하는 데 필요한 것들은 이미 우리 안에 있다고 여기도록 스스로를 훈련시켜야 한다.

물론 용기가 필요하다. 사실 어떤 것을 처음 시도할 때, 불가능의 지평을 살금살금 걷고 있을 때, 우리는 절망에 사로잡히는 경우가 많다. 그러나 분노는 원망을 건설적인 행동으로 변화시킨다. "상위의 도덕은 절망에 대항하는 투쟁의 한 형태"라고 슬로터다이크는 말했다. 또하나 내 마음에 쏙 드는 말은 '자아를 초월하는 용기'이다. 이것은 자기 자신마저 초월해, 행동하기를 단념하지 않는

---

* Habitus. Habit(습관)에서 비롯된 말. 주류 사회구조 속에서 생산, 지각, 경험하게 되는 일상생활의 장場'이라는 뜻으로, 프랑스 사회학자 피에르 부르디외가 도입한 용어이다.

것이다. 각자가 더 높이 올라갈 의지를 북돋는 것이다. 권력이나 소유, 야망을 향해서가 아니라, 도덕적인 아름다움을 향해서.

받아들일 수 없는 것들에 저항하는 움직임에 영감을 불어넣는 이런 '의식의 자각'을 사회가 억누르지 않게 하려면 우리는 무엇을 해야 할까. 해답은 이미 나와 있다. 그러나 이 해답을 받아들여 활용할 사람들이 필요하다. 새로운 접근 방식, 테크놀로지, 생산과 소비에 대한 또다른 대안들이 이미 존재한다. 그러나 이런 해결책들이 창안자의 주변부에만 머물러서는 안 된다. 더 넓은 지평으로 퍼져나가야 한다.

슬로터다이크는 현대의 가장 위대한 건축가 중 한 사람인 베르너 소베크가 독일 카를스루에에 있는 그의 학교에서 주최한 컨퍼런스에 참가했다. 그는 일주일 동안 학교 전체가 베르너 소베크가 전하는 새로운 자극에 전율하는 것을 보고 황홀해했다. 학생들이 모두 "미래를 내다보는 정신을 지닌 지성들이 바로 내일부터 응용할 수 있는 모든 종류의 테크닉과 모든 카테고리의 비전을 이미 개발했다는 사실을 이해했기" 때문이다. 이것은 내가 에드가 모랭의 책 『길』을 읽을 때 갖는 감정이기도 하다. 『길』은 어떤 것들이 매우 힘든 길로 들어서고 있는지를 말해줄 뿐 아니라, 진정한 진보의 길로 나아가기 시작한 몇 가지 노력의 사례들을 보여준다. 이것은 스스로 탈바꿈시킬 수 있는 가능성에 신뢰를 더해주는 좋은 방법이다.

불확실함에 대한 확신

에드가 모랭의 사고의 흐름은 매우 놀랍다. 나는 철학자이자 사회학자인 그의 지적 여정에 대해 그와 종종 이야기를 나누곤 했다. 그는 자신의 모든 작업은 칸트가 했던 질문인 "나는 무엇을 믿을 수 있는가? 나는 무엇을 해야 하나? 내가 바랄 수 있는 것은 무엇인가?"에서 비롯되었다고 내게 설명했다. 칸트가 그랬던 것처럼 그 또한 같은 전제들과 맞닥뜨렸다. 이 모든 질문들에 답하기 위해서는 훨씬 더 복잡한 질문들에 대해서도 대답해야 한다. 인간은 누구이며 무엇을 할 수 있는지, 인류가 되찾아야 할 현실은 무엇인지 하는 질문들 말이다. 『인간과 죽음』과 『잃어버린 패러다임』[8], 그 뒤를 잇는 다른 저서들에서 에드가 모랭이 인간의 본성에 관심을 기울이기 시작한 이유도 바로 이것이다. 다나이스*의 독보다 더 깊은 질문, 우리가 누구이며 무엇이 될 수 있는지를 아는 것. 그리고

---

* Danais, 그리스 신화에 나오는 다나오스 왕의 딸들. 다나이스는 아버지 다나오스 왕의 명에 따라 신혼 첫날밤 남편을 죽이고, 이로 인해 지옥에 가서 밑 빠진 독을 끊임없이 채우는 형벌을 받는다.

우리 모두가 얼마나 양면적인지를 아는 것. 이것은 일종의 대화이다. 각각의 가치는 정반대의 가치를 그 안에 지니고 있다. 우리는 소위 이성을 지닌 호모 사피엔스인 동시에 광기를 지니고 있다. 도구와 신화를 동시에 만들어내는 호모 파베르(도구의 인간)이고, 물질적 이익을 좇는 호모 에코노미쿠스이며, 동시에 삶의 즐거움, 놀이, 혹은 그와 유사한 것들을 즐기고자 하는 호모 루덴스이기도 하다. 그리고 시가 있다. 산문이 의무를 위해 존재한다면, 시는 일체감에 몰입해 사랑으로 행하는 모든 것을 위해 존재한다. 삶의 모든 국면을 함께하는 경이로운 시는 텍스트로서의 시인 동시에 삶의 시이기도 하다.

바로 이같은 사고가 에드가 모랭의 저서 두 권이 완성되도록 영감을 불어넣었다. 『사람의 정치』와 『문명의 정치를 위하여』[9]가 그 책들이다. 특히 인간 개인의 문제를 넘어 문제의 핵심을 다루기 위해, 에드가 모랭은 다소 어렵더라도 아메리카 대륙 정복으로 시작되어 세계화라는 형태로 계속되고 있는, 지금 우리가 처해 있는 이 지구촌 시대를 반드시 이해해야 한다고 주장한다. 그의 이러한 주장은 내게 강한 인상을 남겼다. 슬로터다이크의 주장과 핵심이 일맥상통했기 때문이다. 슬로터다이크는 그의 저서 『수정 궁전』과 3부작 『구塚』[10]에서도 같은 현상에 대해 성찰했다.

이것은 물론 매우 어려운 시도이다. 세계화라는 현상의 본질과 그것이 인간의 정신과 사회에 가한 충격의 깊이를 설명하기 위해서는, 강화되고 있는 흐름과 경계들의 다공성多孔性, porosité, 혹은 우리가 살고 있는 지구촌 내에서의 공간과 시간의 축소 등을 묘사하는 것만으로는 충분치 않기 때문이다. 우리는 복잡한 시대를 살고 있다. 절대적으로 불확실하며 모든 것이 얽혀 있다. 가장 당황스러운 점은 우리를 최선의 길로 이끌어주는 진보의 사상도, 우리가 미래를 투사할 수 있는 바람직한 희망의 지평에 대한 정의도 더이상 존재하지 않는다는 점이다. 그의 이러한 지적에 나는 전적으로 동의한다.

결국 모랭의 『길』은 예측 가능한 사건들의 흐름 속에서 재앙이 도래하리라는 명백한 진실을 말하는 책이다. 다시 말해 한정된 시공간 안일지라도 양질의 정보를 가진 뛰어난 관찰자는 미래를 추론할 수 있으며, 앞으로 일어날 법한 일들의 전개 양상도 예측할 수 있다. 그의 증언은 비관적이다. 분명한 것은 생물계가 지속적으로 파괴와 악화 일로로 치달을 것이라는 점이다. 위기는 점증된다. 경제적인 차원에서뿐 아니라 복합적인 문명의 차원에서 위기가 가속화된다. 여기서 주목해야 할 모순이 있다. 스탈린식 공산주의의 붕괴로 인한 긍정적 측면이 이율배반적인 두 가지 악으로 나타났는데, 그것들이 동시에 서로를 강화하기도 한다는 사실이다.

그러나 일어날 법하지 않은 일이 돌발적으로 일어날 수도 있다.

이 또한 확실하다. 에드가 모랭이 일어날 법하지 않은 일에 대해 설명하기 위해 흔히 드는 사례는 아테네이다. "그 조그마한 도시국가가 어마어마한 페르시아 제국에 맞서 두 번이나 저항했다는 것은 경이로운 일이 아닐 수 없다. 두번째 페르시아 전쟁 이후, 아테네는 완전히 함락되었고 약탈당했으며, 온통 불타버린 상태였다. 그들은 모든 것을 잃은 듯했다. 그런데 살라미나에 있던 그리스 함대가 페르시아 함대에 덫을 놓고, 그 함대를 완전히 침몰시켜 버린다. 아테네는 저항했고, 몇 년 뒤 바로 이곳에서 철학과 민주주의가 탄생한다."

일어날 법하지 않은 일에 대한 또다른 최근의 다른 사례들도 있다. 1941년 9월, 나치 군대가 모스크바 초입에 도달했다. 당시 소비에트 정부는 우랄 산맥의 건너편으로 피란을 떠나 있었다. 그런데 갑자기 예기치 않은 기상이변이 일어났다. 혹독하고 매서운 겨울 날씨가 모스크바 초입에 있던 독일 군대를 꽁꽁 얼려버렸다. 히틀러는 이미 1941년 5월에 공격을 계획했으나 바르바로사 작전을 한 달 뒤로 미뤄야만 했다는 사실도 기억할 필요가 있다. 무솔리니가 히틀러의 동의도 없이 그리스를 공격하기 위해 돌진했다가 예기치 않게 그리스의 작은 군대에 의해 알바니아 산맥에서 퇴격하면서 히틀러에게 도움을 요청했던 것이다. 히틀러는 이후 한 달 뒤에야 세르비아와 발칸의 저항을 제압하는 데 나섰다.

이 시기 스탈린은 일본 첩보원을 통해 일본이 시베리아를 공격하지 않을 것이라는 정보를 입수했고, 덕분에 극동의 원기 왕성한 군대를 다른 곳으로 배치할 수 있었다. 무분별한 망상증 환자 스탈린은 이때 갑자기 극도로 명석해져서 매우 유능한 장군인 주코프를 군대 지휘관에 임명하고, 주코프 장군은 200킬로미터 떨어진 곳에 있던 독일 군대를 반격해 무너뜨린다. 이틀 뒤 일본은 진주만을 습격하고, 미국은 전쟁에 뛰어든다. 달리 말해, 이로써 너무도 명확해 보이던 나치의 승리가 일어날 법하지 않은 일이 되기 시작했다.

탈바꿈과 진전—에드가 모랭의 『길』

이러한 전망 속에서 에드가 모랭은 이런 단순한 문장으로 문제를 제기한다. "어떻게 길을 바꿀 것인가?" 측은지심은 여기서 독특한 자리를 차지한다. 실제로 우리가 철로를 전속력으로 달리는 기차에 올라타 있는 거라면 어떻게 우리가 역사의 흐름을 바꿀 수 있으며, 기차를 철로에서 탈선하게 하지 않는 한 어떻게 철로의 방향을 바꿀 수 있겠는가? 분명한 것은 인류는 역사 속에서 여러 차례 그 흐름을 바꿔왔다는 사실이다. 그 변화의 기원은 종종 한 사람,

한 개인에게서 비롯되었다. 석가모니 왕자가 천 년 역사를 지닌 묵직한 종교의 기원이 된 것처럼. 혹은 보잘것없는 유대인 샤먼에 불과하던 나사렛 예수가, 죽을 때 겨우 제자 몇 명만 거느리고 있었던 그가 그 제자 중 한 사람인 바울에 의해 지구촌 전체에 확산된 세계적인 종교를 이룬 것처럼. 마호메트의 경우는 더 놀랍다. 메카에서 쫓겨나 돈 많은 과부에게 피신해 살던 그가 세계적으로 교세를 확장해가는 종교를 창시하지 않았는가.

결과적으로 보면, 가장 잘 구축된 것들은 언제나 일탈에서 시작되었다.

자본주의의 역사도 마찬가지다. 자본주의는 상업과 사치품에 대한 필요 속에서 유럽 왕실의 도움을 받아 봉건사회에 기생충처럼 나타나 성장하기 시작했다. 혹은 완전히 미쳐버린 시절에, 제대로 된 몇몇 지성들, 즉 마르크스, 푸리에, 프루동에 의해 싹튼 사회주의도 마찬가지다. 그러나 사회주의는 불과 몇십 년 만에 최악의 경우와 최선의 경우 모두에서 엄청난 영향력을 인정받게 되었다. 첫번째 결론은 이것이다. "문제는 오늘 이 자리에서 현실주의자가 되는 것이 아니다. 현실주의자라니, 얼마나 꿈같은 생각인가." 이렇게 말한 사람은 베르나르 그뢰투이젠이다. 그는 독일 철학에 능통했고, 알렉상드르 코제브와 함께 내게 중요한 영향을 미쳤다.

결국 모랭의 말에 따르면, 불가능한 유토피아에 대해 비판하는 데 그쳐서는 안 되고 유토피아가 가능하다고 생각해야 하며, 현실주의에 대한 비판 또한 필요하다. 여기서 그가 지칭하는 것은 현 상황에서는 물리적으로 가능하지 않은 가상의 현실, 그러나 충분히 이룰 만한 가치가 있는 현실이다. 세계 평화, 전 세계의 기아 극복처럼 말이다. 우리가 극복하지 못할 상태란 없다. 단지 모순적인 힘의 역학들을 움직여 실행해야 할 뿐. 이같은 구조를 감내하는 것은 혁명에 대한 생각을 포기하는 것이기도 하다.

혁명은 통째 과거를 백지 상대로 만들어버리러 한나면 완전히 잘못된 길로 들어서는 것이다. 모든 혁명이 보여주었듯, 우리는 결코 진정한 의미에서 과거를 백지로 만들어버릴 수 없을 뿐 아니라, 과거의 보물들을 간직해야만 하기 때문이다. 문화적 보물뿐 아니라, 학문과 기술, 지식 등도 모두 우리가 지켜나가야 할 보물이다. 유기농업을 예로 들어보자. 이것은 옛날에 선조들이 농사짓던 방식에 새롭게 가치를 부여한 것에 지나지 않는다. 현대성은 과거를 부정하는 것이 아니다. 과거를 완전히 뿌리 뽑길 원하는 게 아닌 이상.

에드가 모랭이 그의 저서와 발언을 통해 줄기차게 말해온 탈바꿈métamorphose의 사상이 바로 여기서 나온다. 탈바꿈, 그것은 자신의 정체성을 지키는 동시에 다른 것이 되는 것이다. 그것은 심층적으로 변모하는 것이며, 하나의 가능성을 물리적으로 구체화하는 것이라고도 할 수 있다. 그러므로 내가 여기서 말하는 핵심적인 주장은 현재의 모습으로부터 우리 자신을 완전히 탈바꿈시키자는 것이다. 그런데 어떻게? 측은지심의 힘이 그렇게 되도록 우리를 부추긴다. 그 안에 내포된 사랑으로.

그리고 레비나스*식으로 말하자면 사랑은 항상 이렇게 말한다. "먼저 하시죠. 선생님".**

---

* Emmanuel Levinas(1906~1995), 리투아니아 출신의 프랑스 철학자. 서구 철학의 전통적인 존재론을 비판하며 타자他者에 대한 윤리적 책임을 강조하는 윤리설을 발전시켰다.
** 사랑의 기저에는 언제나 부드러운 공손함이 깔려 있다는 의미.

사랑을 사랑하라,
감탄에 감탄하라

사랑의 노래

라이너 마리아 릴케

당신의 영혼으로부터 떨어뜨려놓기 위해,

어쩌하면 내 영혼을 붙들 수 있을까요? 어떻게 내가

당신을 넘어 다른 것에 이르도록 내 영혼을 고양시킬 수 있을까요?

오, 내가 그 얼마나 내 영혼을 어둠 속에 감춰진 아무도 모르는 곳,

떨리는 당신 영혼의 깊은 메아리로부터

멀리 떨어진 곳에 감추고 싶은지.

하지만 우리, 당신과 나를 건드리는 모든 것이

우리를 하나로 모아주는군요.

두 현을 그어 한 소리를 내는 활의 놀림처럼.

그렇다면 우리는 대체 어떤 악기에 팽팽히 당겨져 있는 건가요?

어떤 음악가가 우리를 연주하는 건가요?

오, 감미로운 노래여.

감탄의 스승들

　살면서 우리가 느끼는 강렬한 감정들, 우리에게 주어진 삶, 그리고 다른 사람들의 인생에서의 내 존재에 대하여 글로 옮긴다는 것은 작가가 아닌 바에야 생각보다 쉽지 않은 일이다. 우리는 어떻게 사랑하는 능력을 획득할까? 그 능력은 유전적으로 타고나는 것일까, 아니면 숙련을 통해서 얻어지는 것일까?

　나는 이런 면에서 대단한 특권의 수혜자였다. 그렇지만 나는 먼저 나의 감탄하는 능력에 대해 떠올려보려 한다. 감탄은 행복하게 살아가는 데 매우 중요하고 내게 활력을 더하는 요소였다. 그러므로 나는 모든 교육자들에게 일찌감치 아이들에게 감탄하는 훈련을 시킬 것을 권유한다. 나를 이 방면으로 인도해준 사람은 내 형과 내 옆에서 가정교사 역할을 했던 에미 퇴퍼였다. 그녀는 분노를 누군가의 마음을 얻으려는 열망으로 바꾸는 법을 내게 가르쳐주었다. 그때 그녀는 그렇게 함으로써 나를 위험한 길로 이끈 것일까? 당시 나는 쉽게 화를 내는 세 살짜리 아이였다. 아흔세 살이 된 지금, 나는 지나치게 화를 안 내는 사람이 된 걸까? 어찌되었든 이제 바꾸기엔 너무 늦었다. 하지만 감탄하는 즐거움에 있어서 그녀는 내 귀감이 되어주었다. 그녀는 내 형과 나에게 우리 부모님이 감탄스러운 존재이며 그것도 매우 각별한 감탄의 대상이라는 이미지를 새겨주었다. 그것은 이후 내가 단 한 번도 의심을 제기한 적이 없는 완전무결한 이미지였다.

그녀는 부모님이 우리에게 소개할 인물들을 어떻게 맞이해야 할지도 우리에게 가르쳐주었다. 당시는 예술이 새로운 탐험 영역을 공략하던 시기였다. 마르셀 뒤샹은 어린아이였던 내 눈에는 끈질기게 존재해온 관례의 금기를 파괴한 상징적인 인물이었다. 알렉산더 칼더는 우아함에 경쾌한 가벼움을 결합시켰다. 만 레이의 미소는 사진에 유희의 요소를 더해주었다. 앙드레 브르통은 엄격하지만 바른 스승이었다. 이 모든 감탄스러운 인물들 외에도 발터 벤야민, 지젤 프로이트, 샤를로테 볼프, 잔 물라에르 그리고 올더스 헉슬리는 그들의 내면에 품고 있던 것을 더 높은 곳으로 끌어올려 섬세함과 고귀함 그리고 진실의 세계를 내 앞에 구현해주었다. 이들을 통해 나는 두 얼굴을 가진 에로스라는 우월한 존재를 짐작

할 수 있었다.

열일곱이 되면 우리는 매우 진지해진다

어느 날 로르 아들러가 문득 꾸밈없는 태도로 나에게 첫사랑은
어땠느냐고 물었다. 나 역시 천진난만하게 내 사랑 이야기들을 서
슴없이 들려주었다.

먼저 내가 소년 시절에 겪은 약간은 쓰라린 기억이 하나 있다.
이 기억은 같은 반 급우들보다 나이 어린 한 소년에게 어떤 일이 닥
칠 수 있는지에 대한 한 예가 될 수 있을 것이다. 그 어린 소년은 다
른 급우들을 보고 생각한다. 이 아이들은 벌써 여자친구가 있겠구
나. 어쩌면 둘이서 벌써…… 난 잘 모르겠다. 반면 나는 그런 입장
이 전혀 아니었다. 우리 반에는 B라는 예쁜 소녀가 있었다. 그녀
는 장티에 살았고, 나는 매일 아침 지하철을 타고 장티에서 학교까
지 그 소녀와 동행했다. 어느 날 나는 교실에서 그 소녀에게 작은
쪽지를 건넸다. 그 쪽지는 돌고 돌아 남자아이들의 손에 들어갔고,
나는 우스꽝스러운 꼴이 되어버렸다. 그것이 나의 첫사랑이었으
나…… 그때 나는 사랑이 사람을 우스꽝스럽게 만든다는 사실을
깨달았다.

몇 년 뒤, 내 젊은 날의 초입에 일어난 사건들 중 가장 놀라운 사건이 펼쳐진다. 막내아들인 나를 정성껏 돌봐주던 어머니가 어느 날 기숙여학교에 입학해 좋은 교육을 받게 된 한 소녀를 내게 소개했다. 말하자면 그 소녀는 내 약혼자인 셈이었다. 나는 굳이 반대하지 않았다. 그런데 내 관심을 끈 사람은 그 소녀보다 소녀의 어머니였다. 소녀의 어머니는 아름답고 교양 있는 분이었고 나보다 나이가 열일곱 살 많았다. 그 얼마나 경이로운 모험인가. 열일곱 살 난 소년이 패션잡지 『자르댕 데 모드Jardin des modes』를 만드는 서른네 살의 여자친구를 갖는다는 것은.

　　그녀는 내게 아낌없이 사랑을 주면서 성性에 대해 가르쳐주었다. 나는 미국계 잡지사 '컨데 나스트Condé Nast'로 그녀를 만나러 갔고, 그녀는 아직 성을 경험하지 않은 17세 소년이 여성의 몸에 대해 꿈꾸는 모든 비밀을 내게 알려주었다. 파리에서 카오르까지 걸어서 프랑스를 횡단한 후, 그녀를 기차 안에 남겨두고 내렸다가 실수로 두고 내린 책을 찾으러 다시 돌아갔을 때, 나는 눈물로 범벅이 된 그녀를 발견했다. 그 순간 나는 오만하게도 그녀의 눈물이 우리의 이별을 아쉬워하는 눈물이라 여기며 이후 결코 잊을 수 없는 로맨틱한 환희의 절정을 맛보았다.

　　그렇게 해서 나는 사랑이 곧 예술이라는 것을 알게 되었다. 그 부드러움과 존중의 감정…… 어쩌면 17세란 나이는 더이상 소년

이 아닌지도 모른다. 그러나 분명 아직 어른도 아닌 나이다. 그 나이 때 우리는 비로소 존재하기 시작하지만 여전히 수줍고 더듬거린다. 특히 여자와 함께 있을 때 어떻게 행동해야 할지 알지 못한다. 우리는 사랑이 근본적으로 단일한 감정이라 믿고, 그 사랑이 빚어낼 수 있는 온갖 상황에 대해서는 잊어버린다. 예를 들면 육체적인 소유욕 같은……

그 새로운 발견은 나를 온통 뒤흔들었다. 그 순간 나는 사랑의 믿을 수 없는 깊이를 감지할 수 있었다. 당시 나에게 가장 놀라웠던 점은 사랑이라는 감정의 주름 속에 겹겹이 숨은 그 변화무쌍한 속성과 측면 들이었다. 사랑이란 관계는 사람들 사이에 가능한 모든 조합의 수만큼이나 존재할지도 모른다. 왜냐하면 그것은 단지 서로를 욕망하고 찾고 구하는 두 영혼 사이의 섬세한 연금술만이 아니기 때문이다. 그것은 좀더 복잡한 삼자관계이다. "여기에 네가 있고 사랑이 있고 내가 있다……" 나보다 나이가 두 배나 더 많은 성숙한 여자의 눈에 일렁이던 눈물 속에는, 어쩌면 그녀 자신도 예기치 못했던, 젊은 애인에 대한 갑작스러운 애착이 담겨 있었을 것이다. 순간 신비하게만 느껴지던 세상이 송두리째 모습을 드러냈다. 감정의 위력, 감성의 양면성, 사랑의 태평함과 낭만의 엄숙성까지도.

그 다음해, 18세가 된 나는 루이 르 그랑 고등학교 고등사범학교 준비반 학생들 가운데 한 소녀를 매우 공들여 사로잡았다. 그곳에는 여학생들의 마음을 얻으려고 애쓰는 남학생들의 즐거운 흥분이 넘쳐나곤 했다. 그녀를 처음 만나고 목소리를 듣자마자 나는 그녀를 흠모하게 되었다. 그리고 내가 그녀를 설득하면 사랑하는 연인 사이가 될 수 있다는 사실을 깨달았다. 나는 모든 감각과 감정을 동원해 그녀와의 만남을 이어갔다. 우리 두 사람은 그 사랑을 서로 완성해가야 할 끝없는 과업으로 생각했다. 그 어떤 한계도 없는 사랑이었다. 그리고 적어도 내 생각에 우리는 그 과업을 잘 이행했다. 이후 47년간 이어진 우리 결혼생활의 첫 16년 동안 딸 하나와 아들 둘을 낳아 길렀다. 전쟁으로 인해 관계가 끊어지기도 했다. 그러나 나는 종종 내 삶의 그때 그 시절에 대해 이야기하곤 했다. 올림피아의 헤라 신전에서 캠핑을 하며 보낸 바캉스, 생맥상레콜Saint-Maixent-l'École에서 올린 결혼식, 마르세유에서의 재회, 그리고 리스본, 18개월 후 런던, 뉴욕 시절과 베트남 시절, 그리고 알제에서의 5년과 제네바에서의 4년을.

감정 교육

나는 두 존재의 접촉 속에 인생의 가장 핵심적인 것이 자리한다고 생각한다. 만나고 무언가를 나누고 함께 무언가를 건설해가는 두 존재. 나와 내 아내 V의 만남은 이런 두 존재의 만남이었다. 우리는 긴 세월 동안 함께 행복을 누렸다. 물론 그 행복에는 뭔가 부족한 게 있었을 것이다. 이후 C와 함께 내 인생에 닥친 일들이 그 증거라 할 수 있다. 순간적으로, 정말 갑자기 그렇게 되었다. 그것은 갑작스러운 깨달음이었다. 매정하지만 피할 수 없는 일이었다.

나는 첫눈에 반한 그 격렬한 감정을 어떻게 간직해야 할지 알 수 없었다. 내 아내는 금방 사태를 알아챘다. 내가 해서는 안 될 일을 했기 때문이다. 나는 문자 그대로 어느 날 그녀 곁을 떠났다. "지금 나는 다른 누군가에게 완전히 사로잡혔소. 그래서 떠나오"라는 짤막한 편지를 남기고. 나는 그 편지를 바닥에 남겨놓고 떠났다. 그 행동을 후회한다. 당연히 그 행동을 유감스럽게 여기며, 지금도 잘못했다고 뉘우치고 있다. 그런데 나는 나 자신에 대해 과소평가하고 있었다. 사흘이 지난 후 나는 다시 돌아왔고, 내가 저지른 실수에 대해 아내에게 용서를 구하며 공동의 삶을 다시 이어가고 싶다는 바람을 전했다. 아내는 나의 바람을 받아들였다. 다시는 그 여자를 만나지 않는다는 전제하에.

나는 그 조건을 지키는 데 성공하지 못했고, 혹은 지키기를 원치 않았다. 그 조건은 지키기 쉽지 않았다. 나에게도 그리고 그녀에게도. 그러나 C는 잘 버텼다. 그녀는 자신만의 삶을 살아갔다.

그녀에게는 그녀를 지탱해주는 직업이 있었고, 한 남자와의 사이에 아이도 하나 낳았다. 이후 우리 사이에는 그 어떤 궁극적인 단절도 없었다. 긴 시간 동안 우리가 서로를 만나지 못한 적은 있었지만, 그 시절이 지나가자 서로를 되찾았다. 세상에 흔해빠진 바람피운 이야기처럼 들릴 수도 있겠지만, 그보다 훨씬 섬세한 이야기이다. 이별 이후에도, 서로 엇갈리는 삶 속에서도 지속된 사랑, 결국 평생 동안 이어진 이야기이기 때문이다.

내가 처음 C를 본 것은 1950년 외무부 건물 내 복도에서였다. 젊은 아가씨, 어쩌면 이미 결혼한 여인일지도 모르는 그녀를 보았을 때, 나는 아우구스트 폰 플라텐이 그의 시에서 묘사했던 반응이 내 몸에서 일어나는 것을 느낄 수 있었다. "이 아름다움을 바라보는 자, 누구든 죽음의 문턱에 이르게 된다." 나는 지금 트루빌*에서 이 대목을 쓰고 있는데, 이 도시의 항구에는 귀스타브 플로베르의 동상이 서 있다. 플로베르가 『감정 교육』에 쓴 문장들 또한 내가 겪은 그 순간을 더없이 훌륭하게 묘사하고 있다. 그중 심리묘사가 압권인 한 대목을 인용해보겠다.

"그녀의 갈색 피부에서 뿜어져나오는 광채보다 더 눈부신 것을 그는 일찍이 본 적이 없었다. 매혹적인 허리선, 빛이 스치고 지나

---

* 프랑스 북부의 해안 도시로, 소설가 귀스타브 플로베르가 태어난 곳이다.

가는 그녀의 섬세한 손가락도. 그는 마치 경이로운 물건이기라도 한 듯 놀란 눈으로 그녀의 바느질 상자를 바라보았다. 그녀의 이름은 뭘까? 그녀의 집은 어디일까? 그녀의 삶은? 그녀의 과거는? 그는 그녀의 방에 있는 가구들, 그녀가 입었던 원피스들, 그녀가 만났던 사람들을 모두 알고 싶었다. 심지어는 그녀의 육체를 소유하고 싶은 욕망마저 끝을 모르는 고통스러운 호기심이 유발하는 더 깊은 욕망 아래 사라져갔다.”

그녀가 그토록 각별히 아름다웠나? 확실하지 않다. 분명한 건 내가 그날 그녀에게 느꼈던 감정은 오늘날까지도 결코 반박할 수 없는 명백한 징후였다는 사실뿐이다.

우리는 딱 한 번 함께 생을 마치려는 낭만적인 시도를 한 적이 있다. 내가 그녀와 함께하기 위해 아내를 떠났던 바로 그때 C는 몸이 아팠고, 우리는 함께 사모스*로 떠나야 했다. 그때 우리는 젊은 나이에 함께 죽기로 결심했다. 우리는 갑작스럽고 강렬한 사랑에 몰입해 있었다. 우리의 행동이 미친 짓이라는 건 알고 있었다. 그리고 옳지 못한 행동이라는 것도(어쨌든 도덕적으로는). 그러므로 우리의 이야기는 빨리, 강렬하게 끝나야만 했다. 그 길이 바로 사랑과 죽음이었다.

---

* Samos, 그리스의 에게 해에 있는 섬.

통제할 수 없는 사랑의 격정에 사로잡힌 채 빠져든 죽음에 대한 절대적 충동, 그것이 우리를 그리스의 그 섬으로 이끌었다. 거기서 우리의 생을 끝낼 수만 있다면…… 우리는 그때 생각했다. 우리는 함께 죽기 위해 태어났다고. 이제 그녀는 83세이고 나는 93세다. 그리고 생은 우리가 각자의 파트너를 떠나보내고 홀아비와 과부로 시간을 보낸 후, 삶을 함께 나눌 수 있도록 멋진 선물을 선사했다. 아내가 병으로 내 곁을 떠난 후, 결코 시든 적이 없던 우리의 관계는 결혼으로 맺어졌다. 그녀와 부부가 되는 천복을 누리며, 나는 내 삶에 깃든 그 커다란 행운이 내 수호천사 덕이라고 믿지 않을 수 없었다.

그녀와 언제나 함께할 수 있다는 건 얼마나 큰 행복인가. 이후 모든 것은 단순해졌다. 내가 사라예보로 떠나면, 그녀도 나를 따라왔다. 그리고 다시 돌아온 뒤 우리가 하는 첫번째 일은 "이제 이불 속으로……"라고 말하는 것이다. 우리는 안정된 삶을 이루었다. 이 경이로운 안정감.

우리가 이룬 사랑의 건축에 더 비밀스럽고 덧없으며, 동시에 더욱 강렬한 한 가지를 덧붙이자면, 그건 에로스, 성이다. 알제에 살던 우리를 방문했던 내 아내의 친구가 우리를 떠나며 내게 이렇게 말했다. "난 당신이 내 애인이 되어주면 좋겠어요." 나는 아무런 준비도 되어 있지 않았다. 그러나 그녀의 욕망이 너무도 강렬해서 우리의 만남은 결국 이루어졌고, 나는 그토록 아름다운 여인이 어떻게 황홀경 속으로 깊숙이 빠져들며, 정숙함이 어떻게 희열에 자리를 양보하고 일순간 사라져버리는지를 처음으로 깨달을 수 있었다. 그러나 감수해야만 할 위험이 우리를 흔들리게 했다.

보라, 우리가 어떤 종류의 동물인지. 인간이라는 존재에 대해 내가 무엇을 배웠는지, 그리고 사랑에 대한 열망이 어떤 것인지. 카오스의 적자(嫡子)인 동시에 1세대 여신인 가이아와 그 남편인 우라노스의 아들이며, 아레스와 아프로디테의 숨겨진 아들이기도 한 에로스는 내게 모든 색채를 느낄 수 있게 해주었다. 에로스가 우리 인간들 각자에게 불러일으키는 효과들은 인간 본성의 복잡함에 대한 가장 좋은 증거이다. 에로스는 양심과 이성뿐 아니라, 몸과 마음 그리고 상상력과 근심으로 빚어진 우리의 복잡성을 낱낱이 드러내준다.

우리는 사랑으로부터 무엇을 깨닫게 되는가? 육체적인 사랑을 나눈다고 해서 반드시 서로를 사랑하게 되지는 않는다. 우리의 생에서 성은 강렬한 기쁨을 풍요롭게 누리게 하는 동시에 잔인한 함정에 빠지게 한다. 파트너를 절정에 다다르게 하고자 하는 수컷의 야망은 페터 슬로터다이크가 우리에게 설명한 훈련들에 속한다. 그러나 어떤 이들에게는 사랑하는 것이 사랑받는 것보다 훨씬 더 중요하다. 그럴 때 열정이 맹위를 떨칠 수 있다. 우리는 결코 충분히 사랑하지 못한다. 특히 충분히 '잘' 사랑하지 못한다. 하지만 내 삶의 단계들에 잊히지 않는 흔적을 남긴 것은 사랑받았던 기억보다 사랑했던 기억이었다.

에로스와 타나토스

실존적인 경험에서건 아니면 시적 상상력의 영역에서건, 사랑이 제공하는 그 모든 영역에서 그리스 신화만큼 우리에게 소중한 가르침을 주는 것은 없다. 나는 청소년기의 한때를 보낸 런던에서, 그리스 신화에 대해 배웠다. 그때 나는 런던 시 외곽에 살던 내 어머니의 사촌 집에 머물렀다. 그 도시의 이름은 발음도 낭랑한 웨스트 위컴. 그 집에는 나보다 조금 어린 두 사내아이 존과 바질이 살고 있었는데, 그들은 내게 크리켓을 가르쳐주면서 내가 영국식 문화에 빠져들게 해주었다. 당시 나는 런던 정치경제대학교London School of Economics and Political Science에 다니던 학생이었고, 학교는 길드홀 도서관으로부터 멀지 않은 곳에 있었다.

나는 런던 정경대의 수업시간보다 더 자주 이 공공도서관에 자리잡고 앉아 시칠리아의 디오도로스와 아테네의 아폴로도로스의 글을 탐독하곤 했다. 나는 거기서 신과 영웅 들의 계보를 추적했고, 그들의 싸움과 사랑에 얽힌 이야기들을 읽었다.

　나는 가장 최근의 신화인 『일리아드』와 『오디세이』에 나오는 영웅들에서부터 가장 오래된 신들의 인상적인 계보를 거슬러올라갔다. 올림포스 산의 신들은 호메로스의 영웅들과 매우 비슷했고, 그들의 조상 티탄과 티타니스*는 침묵 속에 갇혔으나 매우 강력한 상징적인 위엄을 지니고 있었다. 그들 가운데 시간의 신인 크로노스는 시간을 만들어내는 신이 아니라, 시간을 돌이킬 수 없도록 흐르게 하는 신이다. 티탄 중 하나인 이아페토스의 아들 프로메테우스는 사촌 제우스에게 도전하러 갔다가, 신들에게서 훔쳐낸 불을 통해 인간에게 성장할 수 있는 힘과 재주를 주었다. 그리고 그들 중에(모든 티탄에게는 누나 혹은 여동생인 티타니스가 있었다) 므네모시네는 기억을 상징하는 강한 여신이기도 하다. 그녀에게서 뮤즈들이 태어난다. 그렇다. 기억은 시를 비롯한 모든 예술적 상상력의 기원이다. 므네모시네의 첫째 딸 칼리오페는 리노스와 오르페우스의 어머니이기도 하다.**

　티탄의 부모대로 더 거슬러올라가면, 땅의 여신 가이아와 하늘의 신 우라노스가 나온다. 이들은 혼돈 속에서 질서를 이끌어냈다.

---

* 그리스 신화에서 올림포스 신족이 등장하기 전에 세계를 지배하던 거인족 남녀 신들.
** 칼리오페는 그리스 신화에 나오는 시의 여신이다. 제우스와 므네모시네의 딸로, 호메로스에게 『일리아드』와 『오디세이』의 영감을 주었다. 또 리노스는 애가哀歌의 신, 오르페우스는 전설 속 시인이자 음악가이다.

이들은 사랑과 죽음의 신인 에로스와 타나토스 두 형제의 도움을 받아 이 중요한 과업을 달성했다. 이들은 인간 역사의 모든 순간에 작동하며 갇혀 있던 것들을 해방시켰다. 에로스는 우리를 어린 수줍음으로부터 일깨워 타인을 매혹하러 나서게 한다. 타나토스는 인내심을 가지고 우리를 기다린다. 결국 어느 날 우리를 맞이하리라는 확신을 갖고서.

그런데 이 모든 이야기에서 헬렌(나에게 헬렌은 어머니이다*)의 역할은 무엇이었나? 이 이야기를 하기 위해서는 그녀의 어머니 레다에 대해 말해야 한다. 그녀는 제우스가 탐냈던 많은 여자들 중 하나였다. 신들의 왕 제우스가 레다와 유희를 즐기기 위해 백조로 변신한 에피소드는 내가 좋아하는 시인 가운데 두 사람, 즉 영국의 예이츠와 독일의 릴케로 하여금 그 에피소드를 주제로 시를 남기게 했다.

예이츠는 이 커플의 결합에서 생겨난 혈통이 야기할 왕 중의 왕 아가멤논의 죽음을 감탄스러울 만큼 섬세하게 그려냈다. 릴케는 제우스 신이 느낀 절정의 쾌락을 그려내는 데 집중했다.

에로스는 온전히 여기에 있고, 우리는 타나토스가 언젠가 희생양을 찾아 나타나리라는 것을 안다. 이 열정적인 결합은 두 아들

---

* 스테판 에셀의 어머니 이름이 헬렌 그룬트이다.

카스토르와 폴리데우케스(이 둘은 쌍둥이자리라는 별자리가 되어 창공에 영원히 떠 있다), 그리고 두 딸을 낳았다. 두 딸의 이름은 클리타임네스트라와 헬렌이다.

헬렌을 보는 순간, 모든 이들은 『일리아드』의 그리스 영웅들이 그랬듯 걷잡을 수 없이 사건에 휘말리게 된다. 그리스 전사들은 파리스에게 납치된 헬렌을 남편 메넬라오스에게 돌려보내주겠다고 약속했고, 그리하여 이들은 10년이 넘는 긴 전쟁에 돌입하게 된다.

잘못은 누구에게 있나? 물론 아프로디테에게 있다. 그녀는 파리스 덕분에 테티스와 펠레우스의 결혼식에서 불화의 여신 에리스가 던진 사과를 차지해 가장 아름다운 여신으로 인정받았고, 그 대가로 파리스에게 가장 아름다운 여자를 아내로 맞이하게 해준다고 약속했던 것이다. 그런데 그 여자가 바로 이미 메넬라오스와 결혼한 헬렌이었던 것이다.

내가 이 이야기를 하는 것은 감탄스러운 그리스 신화뿐 아니라, 로버트 그레이브스를 통해 입문하게 된 아일랜드 신화나 아수르 신화, 길가메시 전설에 나오는 신화에도 등장하는 모든 사랑과 죽음, 불타오르는 삶과 도달할 수 없는 불멸 사이의 관계를 밝히고 싶어서이다. 아서 왕 이야기가 말해주듯, 진정한 영웅이란 전쟁을 치른 후 사랑을 얻고 이후 죽음을 맞는 자일 것이다.

질투에 대하여

그러나 실제로 인간이란 존재는 이보다 훨씬 더 복잡하다. 이 아름다운 배열에 끼어들어 훼방 놓는 것이 있으니, 바로 질투이다. 질투하는 자아, 즉 스스로에게 몰입해 있는 자아는 상대의 삶이 그 자신을 위한 것이 아니라 나를 위한 것이기를 바란다. 나는 인생을 살면서 나로부터든 혹은 파트너에게서든 이 질투라는 것과 맞닥뜨릴 때마다 그것을 극복하기 위해 온갖 노력을 기울였다.

헤라클레스의 12과업 끝에 등장하는 이야기에서 나는 질투가 지닌, 타는 듯한 격정과 공포를 이해했다. 헤라클레스는 이올레와 사랑에 빠졌으나, 동시에 자신의 아내 데이아네이라를 반인반마半人半馬인 네소스로부터 지키고자 했다. 네소스는 결국 헤라클레스에게 죽임을 당하지만, 헤라클레스의 아내 데이아네이라에게 튜닉을 건네며 이 튜닉을 입은 사람의 심장 속에는 그녀를 향한 사랑이 샘솟을 거라고 말했다. 그러나 이것은 비열한 함정이었다. 네소스는 당연히 복수를 원했던 것이다. 그리고 질투가 데이아네이라를 이 함정에 갇히게 했다. 그녀는 헤라클레스가 이올레를 버리고 자신에게 돌아올 거라고 생각했다. 헤라클레스가 바람을 피운 것은 처음이 아니었다. 그는 많은 애인을 두고 있었다. 신화를 보면 헤라클레스의 자손은 셀 수 없이 많다. 그러나 데이아네이라는 그런 사실을 참을

수 없었다. 그리하여 그녀는 헤라클레스에게 청해 그 튜닉을 입게
한다. 이후 그 어떤 사자도, 그 어떤 물뱀도, 그 어떤 거인도 대적
할 수 없었던 헤라클레스는 질투에 활활 불타오르고 만다. 그에게
는 이제 올림포스 산에 가서 헤라 여신을 만나는 일만이 남아 있었
다. 헤라 여신 또한, 제우스가 긴긴 사랑의 밤을 보내 결국 헤라클
레스를 낳게 한 암피트리온의 아내 알크메네를 질투했고, 그리하
여 알크메네의 아들 헤라클레스에게 열두 가지 과업을 부과한다.
이로써 또하나의 질투가 견만을 맞이했나.

우리가 질투 없이 사랑하는 방법을 배울 수 있을까? 그렇다. 나
는 그 예를 보여주고 싶다. 나는 누구를 질투했을까? 그리고 과연
질투해야만 했을까? 내 형을? 내 형에게는 상당히 영광스러운 지
병인 간질이 있었고, 그로 인해 언제나 조심스럽고 소중한 보살핌
을 받았다. 그 지병은 내 형에게 대단한 위엄을 선사했다. 우리는
그 병을 차원 높은 아픔이라고 불렀다. 그에 비하면 나는 낮은 곳
에 있었다. 하지만 사실은 그렇지 않았다. 정반대로 나는 형을 나
보다 약한 존재로 여기며 살았고, 형이 늘 나를 지켜준 것처럼 내
가 형을 지켜주기도 했다.

아니면 앙리피에르 로셰를 질투했던가? 내 어머니는 그의 아
이를 갖길 필사적으로 원했고, 만일 아이가 생겼다면 나와 내 형을
두고 또다른 사랑을 완전하게 체험하기 위해 떠나갔을 것이다. 아

니다, 나는 질투하지 않았다. 나는 어머니가 나누는 사랑을 곧바로 지지했다. 어머니가 마음속 깊은 곳에서 가장 사랑하는 사람은 나라는 사실을 인지하면서, 나는 어머니를 보호할 것이며 그들의 계획이 실패한다 해도 어머니의 연인 또한 내게 소중한 존재일 거라고 생각했다.

아니면 루이 르 그랑 고등학교 고등사범학교 준비반 시절, 같은 반 친구였던 로베르 드코미를 질투했던가? 그는 나처럼 V를 사랑했고, 그녀의 첫번째 애인이 되는 데 성공했으니까. 아니다, 그렇지 않다. 우리 두 사람이 V에 대해 품은 사랑은 오히려 우리의 우정을 더욱 단단하게 만들어주었다. 오히려 그가 내가 갈 길을 열어주었다고 나는 느꼈다.

혹은 내 아내 V로 인해 질투했을까? 1941년 3월 아내와 다시 상봉했던 리스본을 떠나 그녀의 부모님이 기다리는 뉴욕으로 그녀가 가버린 후, 혼자서 다시 런던으로 향해야 했을 때, 나는 내 친구 베리언 프라이 덕분에 탈출한 앙드레 브르통, 마르셀 뒤샹, 클로드 레비스트로스 등으로 이루어진 그룹 가운데 패트릭 발트베르크와 내 아내가 만남을 가졌다는 사실을 알게 되었다. 그녀는 그의 접근을 거부하지 않았던 것이다. 물론 나는 그 사실을 모른 체했다. 1942년 11월 우리가 런던에서 다시 만나고 일주일 뒤에 그녀의 애인이 그녀를 따라 런던에 도착할 때까지. 그러나 그들의 관계는 다시 시작되지 않았으며, 그와 나는 취향이 비슷했던 만큼 매우 건설적인 친구 사이가 될 수 있었다.

나는 내 파트너들이 선택한 남자들을 항상 호의로 맞이하고 경의를 갖고 받아들였다고 생각한다.

아, 그러나 그 반대의 경우에는 그렇지 못했다. 나는 내가 배우자로서 충실하지 못했던 것에 대해 여전히 중압감을 느낀다. 그런 경험이 많지는 않았다. 그러나 그런 경험들은 매번 나에게 깊은 흔적을 남겼고, 지금도 꿈속에서 나를 괴롭힌다. 꿈속에서 나는 고백하지 못하고, 속이기 위해 거짓말을 한다. 그리고 그 속임수는 먹히지 않는다.

이런 측면에서 내 두번째 결혼은 나에게 해방의 시대를 여는 신기원이었다. 우리는 둘 다 예순이 넘은 나이였다. 그리고 서로를 35년 전부터 알아왔다. 우리는 이번에는 죽음이 우리를 갈라놓는 순간까지 함께하기로 다짐했다. 내 두번째 아내 크리스티안을 만날 때면 언제나 에로스가 함께한다. 그러니 타나토스는 아직 조금 더 기다려야 할 것이다.

사랑에 접근하는 또다른 방법이 있을까?

내 어머니는 두 아이에게 절대적인 사랑을 품고 있었지만, 앞서 말한 것처럼 그와 동시에 그보다 더 절대적인 열정을 위해 두 아이를 희생시킬 준비가 되어 있었다. 내 어머니는 당신의 아들이 동성애적 경험에 대해 먼저 알아야 한다고 생각했다. 앙드레 지드의 작품을 좋아했던 어머니는 열두 살인 나에게 『코리동』*을 읽으라고 권했다. 내가 황홀한 오후시간을 보내곤 했던 앙리피에르 로셰의 서재에는 콕토와 아르토, 클로소프스키, 그리고 레리Leiris의 책들이 있었다.

그러나 동성애 경험은 내 나이 스물두 살 때 단 한 번 찾아왔다. 이미 두 명의 여인과 두 차례의 사랑을 경험했던 나는 어느 날 한 젊은 미국 남자의 팔에 안기게 되었다. 마르세유에서였다. 프랑스는 전쟁에 패했고, 비시Vichy 정부는 히틀러와 협력하였으며, 반反파시스트 예술가들은 그들의 목숨과 자유를 걱정하며 프랑스 남부에 피신해 있었다. 그리고 내 아버지와 형은 엑상프로방스 근처의 미유Milles 수용소에 몇 달째 수용되어 있었다.

나는 베리언 프라이라는 한 젊은 남자가 스플랑디드 호텔에 있

---

* 앙드레 지드의 소설. 소크라테스식 대화법으로 동성애에 대해 이야기한다.

으며, 그가 미국의 흥미를 끌 만한 예술가와 지식인 들을 미국으로 건너가도록 도와준다는 사실을 알게 되었다. 당시 미국은 아직 전쟁에 개입하지 않고 있었다.

루스벨트는 비시 정부의 페탱 장군 주변에 레이히 제독을 대사로 두고 있었다. 아내 엘리너는 베리언 프라이가 그 임무를 수행할 수 있도록 국제구호위원회International Rescue Committee의 대표로 임명했다. 그리고 프라이는 마르세유에 있던 미국 영사로부터 충분한 도움을 받지 않고도 자신의 임무를 훌륭하게 해냈다. 그 영사는 자신의 임무를 앙드레 브르통과 그의 아내 자클린, 막스 에른스트, 빅토르 세르주, 자크 립시츠 같은 몇몇 예술계 거물들에 관계된 일에만 한정지으려 했던 것이다. 그러나 프라이는 가장 긴박한 위험에 처한 사람들은 유대인, 특히 외국인 유대인들이라는 사실을 금방 간파했다. 그는 천 명 이상의 사람들이 미국으로 탈출할 수 있도록 도왔고, 1953년 이스라엘 정부가 위험에 처한 유대인의 생명을 구한 사람들에게 수여한 훈장을 받은 유일한 미국인이 되었다.

우리는 8월에 그를 만났고, 그의 도움을 받아 1941년 마르세유를 떠날 수 있었다. 내 아내와 그녀의 부모님은 스페인으로, 그리고 나는 알제리로. 당시 우리의 만남은 진정한 동지애를 바탕으로 이어졌다. 그는 자신의 공식 임무에서 벗어나 약간의 여유가 생기면 몇몇 친구들을 불러모았고, 나도 그 자리에 동석하곤 했다. 그는 자신이 잘 알지 못하지만 호기심이 가는 프로방스 지역 여기저기를 방문할 때 나와 동행했다. 호텔에서 함께 보내는 저녁시간들이 많아지면서, 나는 그가 나에게 보이는 호의에 나에 대한 성욕이 내포되어 있다는 사실을 깨달았다. 그리고 그 역시 나에게 진정한 호감을 불러일으켰으므로, 그의 욕망에 냉담하게 굴지 말아야겠다는 생각이 들었다.

그때 그 순간들은 내 기억 속에서 조그맣게 오그라들었기 때문에, 당시 우리가 어디까지 관계를 진전시켰는지에 대해 말하는 것은 불가능하다. 내가 아는 것은 그리스 신화에 나오는 아킬레우스와 파트로클로스의 사랑처럼 드높은 자리에 내가 선다 하더라도, 그때 이후 다시는 동성애 성향을 갖게 되진 않았다는 사실이다.

만남의 기쁨

미라보 다리

기욤 아폴리네르

미라보 다리 아래로 센 강은 흐르고
우리의 사랑도 흐른다.
가슴에 새겨두어야 한다.
기쁨은 아픔 뒤에 오는 것임을……
종이 울리고 밤이 다가온다.
세월은 가고 나는 머문다.

우리 서로 손 잡고 마주 보며
엮은 팔 아래에 흘러 퍼지는
영원한 시선들, 지친 파도.
종이 울리고 밤이 다가온다.
세월은 가고 나는 머문다.

사랑은 물결처럼 가버리는 것.

사랑은 떠나간다.

삶은 어떻게 이토록 느리며

희망은 어떻게 이토록 격렬한가.

종이 울리고 밤이 다가온다.

세월은 가고 나는 머문다.

날이 가고 달이 간대도

시간도 사랑도

돌아오지는 않는 법.

미라보 다리 아래로 센 강은 흐른다.

종이 울리고 밤이 다가온다.

세월은 가고 나는 머문다.

보잘것없는 인간을 사랑하라

    나는 누구로부터 그토록 사랑을 사랑하는 법을 배웠을까? 물론 내 어머니로부터다. 열정적으로 사랑했고, 그 열정을 위해 자신의 아이들을 희생할 수도 있었던 내 어머니. 어머니는 다양한 재능을 가진 교육자이기도 했다. 우선 부르주아의 도덕 따위는 완전히 문 밖에 내다버리고 관습적인 순응주의를 말끔히 몰아내는 재능, 이마누엘 칸트의 정언명령에 근거한 윤리적 계율에 대한 타고난 신념에 근거하여 모든 행동을 취하는 동시에, 가장 시적인 상상력을 해방시키는 재능을 어머니는 갖고 계셨다. 어머니는 특히 내게 행복해지라고 가르치셨다. 어머니는 다른 사람에게 행복을 전할 줄 아셨다. 행복해지기 위해서는, 즉 목적하는 바와 그에 따르는 노력 사이에 놓인 장애들을 모두 극복하기 위해서는 행복 전도사처럼 스스로에 대한 충분한 믿음을 가져야 한다.

내가 다음 세대에게, 메시지를 전하려고 노력하는 사람들에게 제안을 할 수 있다면, 감탄하고 사랑하는 훈련을 충분히 쌓으라고 말하고 싶다. 내 생각엔 이것이 바로 인류에게 가장 소중한 훈련이다.

앞으로 인류에게 닥칠 위험에 대비해 인간애의 가장 오래된 원천인 사랑과 감탄이 요구될 것이며, 박애가 행해지는 순간 그것이 바로 드러나리라고 레지스 드브레는 말했다.

그러나 분명히 해두자. 위험은 몇몇 사람들의 주머니를 터무니없이 가득 채우고 나머지 수십억의 사람들을 비참한 상황에 빠뜨리며 경제를 통제 불가능한 것으로 만들어버린, 부를 소유한 자들의 어처구니없는 망동의 끝에서 나올 뿐 아니라, 세계가 '발전을 거듭함에 따라' 지구의 모든 생명체가 삶의 기반으로 삼아야 할 지구의 유한한 자원들을 부끄러움도 적절한 자제도 없이 착취하게 한 사회의 또다른 망동으로부터도 나온다는 사실을.

그리고 이 시대의 존경받는 사상가와 시인 들에 의해 새롭게 각인되고 묘사되고 이해되고 밝혀진 이 모든 위험에 대하여, 이 시대를 살아가는 세대들은 신실하고 확고한 사회참여를 약속해야 한다.

감탄에 대한 취향…… 나는 이것을 어떻게 습득했는가? 이 또한 어머니로부터 물려받은 유산이다. 누군가에 대해 감탄하고 찬

미하는 태도는 그 어떤 노력 없이도 자연스럽게 내 몸에 배어 취향이 되어버렸다. 내 어머니는 비판적이기보다는 잘 감탄하는 여성이었다. 어머니는 열렬한 사랑에 빠지곤 했고, 종종 어머니의 사랑과 열정은 상대가 인정하지 않는 영역까지 나아가기도 했다. 그러나 감탄할 만한 부분을 찾아내고자 하는 이러한 성향은 숭고한 존재로부터도 보잘것없는 부분을 찾아내고야 마는 사람과 많은 차이를 만들어낸다. 근본적으로 인간들은 모두 어딘가 보잘것없는 측면을 갖고 있다. 누군가를 처음 만났을 때부터 보잘것없는 면을 찾아내려 든다면, 그건 별로 유쾌하지 않다. 반대로 감탄할 만한 측면을 충분히 칭찬하고 누린 다음 시시한 면들을 발견한다면, 모두에게 더 큰 활력이 되지 않을까?

타인의 취향

감탄. 나 역시 다른 사람들로부터 감탄의 대상이 되곤 한다. 나는 여기에 누군가를 이해하고 받아들이는 또다른 방식이 있음을 깨닫는다. 과거에 나는 친절한 대중에게 환대를 받았다. 레지스탕스 활동이나 나치 강제수용소 시절에 대한 증언을 하러 학교에 가게 될 때는 특히 더욱 정중한 대접을 받았다. 그러나 나는 지금 그때와는 또다른 형태의 경청과 경탄을 마주하고 있다. 그것은 내 책에 적힌 말들이 사람들이 겪은 경험과 혼란의 깊은 곳까지 파고 들어가 그들의 마음을 얼마나 움직였는지를 반영하는 현상일 것이다.

거리에서 내가 알지 못하는 행인들이 내게 다가와 이렇게 묻는다. "당신, 혹시 스테판 에셀인가요?" 물론 텔레비전의 영향 때문일 수도 있다. 그러나 강한 친밀감의 표현이라고 하는 게 더 정확할 것이다.

내가 받은 그 모든 환호에 대해 오늘날 내가 받은 인상을 표현하자면, 나는 사람들이 내게 기대하는 지혜를 갖고 있지 않으며, 그들이 내게 전달받고자 하는 영향력 또한 가지고 있지 않다.

게다가 그 '지혜'란 나만의 것이 아니다. 내 삶의 모든 경이로운 만남들이 함께 빚어낸 것이다. 물론 여기엔 시인들(아폴리네르, 릴케, 횔덜린, 셰익스피어, 보들레르)과 철학자들(헤겔, 플라톤, 메를로퐁티, 니체, 파르메니데스)을 알게 해준 책을 통한 수많은 만남이 포함된다. 이러한 책들은 현실을 정확히 묘사해줄 뿐 아니라, 눈앞에 새로운 세계를 열어준다.

그리고 온기 어린 우정이나 대화를 통해 나누는 사람과 사람 사이의 만남이 있다. 또한 나는 나의 내면을 한없이 풍요롭게 해준 소중한 지적, 정신적 만남들의 덕을 보기도 했다. 프랑스에서는 견

고함과 진지함의 보증수표처럼 여겨지는 과정을 모리스 메를로퐁티와 레옹 브륀슈비크 같은 교수들과 함께 거치는 행운을 누리기도 했다.

내게는 철학에 대한 자연스러운 관심과 철학에 대한 공부를 완전히 중단해야만 했던 슬픔이 공존한다. 현대철학에 대한 지적인 독서가 내게 불가능한 일이 되어버린 것은 오늘날의 현대철학이 더이상 내게 익숙한 개념이 아니기 때문이다. 나는 종종 현대철학자들보다 뒤처진 느낌을 받으며, 순수철학자는 아니지만 철학적인 영감을 지닌 사람들에게 더 친근감을 느낀다. 이를테면 자크 데리다처럼.

에드가 모랭이 그렇듯 문자 그대로의 철학에 대해서만 이야기하지 않는 사상가, 종합적인 사회학자가 내게는 훨씬 더 친근하게 다가온다. 그러다가 전문적인 철학자들을 아주 잠깐이라도 만날라치면, 예를 들어 페터 슬로터다이크 같은 이를 만나면, 나는 그에게서 오늘의 세상을 바라보는 명석한 시선을 단박에 발견한다. 그들의 시각은 바로 내일 도래할 수도 있는 미래로 무한히 열려 있다.

에드가 모랭의 예를 다시 들어보겠다. 나는 그와 나누는 대화에서 언제나 커다란 기쁨을 느낀다. 그가 탁월한 사고력을 가진 친구이기 때문만이 아니라, 이미 오래전에 그가 내 사유의 방향을 이끌어주었기 때문이다. 1958년, 친구 다니엘 코르디에와 함께 '장물 랭 클럽'*을 만들기 직전이었다. 그 무렵 모랭은 나를 인간의 본성 이라는 새로운 패러다임에 입문시켰다. 또한 그는 레지스탕스 운 동에서부터 세계인권선언을 통한 인권 투쟁에 이르기까지, 내가 삶의 기초로 삼고자 애쓰는 가치들 사이의 강력한 연속성을 인식 하도록 도와주었다. 특히 사회 전반의 발전을 통해 이러한 연속성 이 본래의 가치를 되찾을 필요가 있다는 사실을 내게 알려주었다. 물론 오늘날 세상은 변했다. 특히나 확신은 과거의 세계와 함께 사 라져버렸다. 전쟁은 우리에게 아주 단순한 것이었다. 전쟁중에 내 려야 할 결정들은 명확했다. 우리는 전쟁에서 지지 않기 위해, 이 미 한 번 졌지만 다시 이기기 위해 싸웠다. 그러나 세상은 더이상 그런 단순한 논리로 굴러가지 않는다. 심지어 내가 보기에 오늘날 의 사회는 거의 10여 년 전부터 어디를 향해 가는지조차 제대로 알 수가 없게 되었다.

이 주제에 관한 에드가 모랭의 결론은 매력적이다. 오늘날 우리 가 처해 있는 현대사회의 복잡성은 우리의 모든 이원론적 이해를 방해한다. 저쪽 진영 대 이쪽 진영, 하나의 사회계급 대 또다른 사

---

* Club Jean-Moulin, 1958년 알제리 전쟁 기간, 특히 프랑스에 제5공화국이 들어서던 시 기에 근대적인 민주주의를 모색하기 위해 만들어진 모임이다. 이 모임에 속한 사람들은 자신들의 논의 결과를 공공과 민간 영역에서 영향력 있는 이들에게 알리고 시민정치를 위 한 선택의 방향을 제시하고자 했다.

회계금. 오늘날 핵심적인 것은 선한 의지를 갖고 같은 의식을 나누는 모든 사람들이 함께 모이는 것이다. 이것은 곧 전 세계를 향해 마음을 열자는 호소이다.

사명을 띤 중재

나는 중재자로서의 역할을 수행하면서 타인의 취향에까지 관심을 쏟았다. 『세기와의 춤』 어딘가에서 나는 이렇게 적었다. "성공적인 중재란 없다. 중재는 실패에 의해 새롭고 큰 길을 향한 문을 열고, 이 새로운 길은 또다른 난관에 부딪힌다. 우리 인류의 용감한 역사는 이러한 지칠 줄 모르는 일련의 도전 속에서 쓰였다." 내가 시도한 일들과 나의 사명은 매우 다양했다. 불법체류자 문제에서부터 부룬디, 부르키나파소에서의 통합최고위원회에 이르기까지…… 이런 다양한 임무들 하나하나가 나를 풍요롭게 하는 폭넓은 만남의 계기가 되었다.

나는 1996년 불법체류자들과 관련하여 겪은 에피소드를 생생히 기억한다. 아리안 므누슈킨*이 나를 만나러 왔다. 그녀는 친절

---

* Ariane Mnouchkine(1939~), 러시아 출신의 프랑스 연출가. 태양극단의 대표이자 프랑스 현대연극계를 대표하는 실험적이고 도전적인 연출가이다.

하고 너그럽게도 300여 명의 말리인과 세네갈인, 알제리인 들을 자신의 태양극단Théâtre du Soleil에 맞아들여주었다. 그들의 시위는 불행한 자들의 아우성과는 거리가 멀었다. 그것은 자신들의 존엄성을 지키고자 하는 당당한 요구였다. "우리는 우리가 정당하게 가질 권리가 있는 체류증 발급을 거부당했다. 우리는 체류증을 요구한다. 호의를 원하지 않는다. 왜냐하면 우리에게는 정당한 권리가 있기 때문이다."

아리안 므누슈킨은 이들을 자신의 공간에 맞아들인 후, 알랭 쥐페 총리와 장루이 드브레 내무부 장관이 차지한 정권에 맞서 현명한 해법을 제안하기 위해서는 이들에게 충분히 영향력을 행사할 수 있는 사람들을 최대한 불러모아야 한다는 사실을 깨달았다. 그리하여 자신을 도울 만한 사람들을 모아 위원회를 결성했는데, 나는 그중 최고령 멤버였으며 '프랑스 대사'이기도 했다. 이 직함은 언제나 적절한 효력을 발휘한다. 나는 '중재자 모임'이라 명명된 이 모임의 대표가 되어달라고 요청받았다.

그리하여 우리는 정부를 향해 단순한 해법 하나를 제시했다. 이 300여 명의 사람들 가운데 약 80%는 합법적으로 체류할 수 있으며, 약 20%는 본국으로 다시 돌아가야 한다. 그러나 우리는 이러한 결정이 명확한 기준에 근거하여 내려지길 바란다. 그리하여 우리는 10개 항목의 기준에 대한 리스트를 세심하게 작성하고, 그 기준에 근거하여 각자가 자신의 체류를 합법화하는 증서를 받을지 말지 결정할 것을 제안했다. 물론 열 가지 기준을 모두 충족해야만 하는 것이 아니라, 이 기준들 가운데 한 가지만이라도 충족되면 합법적인 체류증을 받을 수 있도록 하자는 것이 우리의 제안이었다.

　이 모임은 내가 이끌었던 많은 모임들 가운데 가장 명망 있는 인물들로 채워진 모임이기도 했다. 로랑 슈바르츠, 에드가 모랭, 장피에르 베르낭, 뤼시 오브락과 레몽 오브락, 피에르 비달나케, 제르맨 틸리옹, 걸출한 인물이며 우리에게 큰 도움을 주었던 정부 자문위원 폴 부셰, 그리고 이 모임의 많은 멤버들과 마찬가지로 이 모임을 끝으로 세상을 떠난 폴 리쾨르도 우리 멤버 중 하나였다. 이 모임은 지적, 정치적 명망가들로 가득찬 멋진 모임이었다. 따라서 우리는 정부가 우리의 제안을 모른 척할 것이라고는 생각하지 않았다. 그러나 정부는 그 문제를 도지사에게로 넘겨버렸고, 우리가 제시한 의견들을 '참고하여' 문제를 처리하라고 지시했다. 권한을 넘겨받은 도지사는 우리가 제안한 해결방안을 받아들이는 대신 300명 가운데 오직 12명에게만 체류증을 발급하고 나머지 사람들에게는 발급을 거부하는 결정을 내렸다. 우리는 분노했고, 이 결정에 대한 항의 표시를 열렬히 개진했다. 그 시절 우리는 엄청나게 많은 언론과 인터뷰를 했다.

　이미 나는 그보다 수년 앞서 아프리카 부룬디의 투치족과 후투족 사이의 중재에 참여한 적이 있다. 자신을 좀더 따뜻하게 맞이해주는 땅의 가호에 몸을 맡기기 위해 조국을 떠나는 가슴 찢어지는 결정을 한 사람들의 이민과 적응, 그리고 그들의 존엄을 지키는 문제에 관해 각별한 관심을 갖고 있었기 때문이다. 나는 프랑스 정부가 이 난민들의 보호 문제를 터무니없는 방식으로 취급해온 것에 대해 항상 강력히 항의해왔다.

각별한 친구들

나의 전 생애는 수많은 만남들로 인해 영감을 얻어왔다. 지적인 만남, 정치적인 만남, 문학적인 만남, 애정이 얽힌 만남, 또는 철학적이거나 정신적인 만남. 훌륭한 친구들과의 만남은 투쟁의 불구덩이에서건 친근하고 평화로운 대화에서건 언제나 나를 성장시켜주었고, 나의 사고를 풍성하게 해주었다. 최근 몇 년간 이 친구들 중 몇몇은 세상에 대한 나의 비전에 미묘한 변화를 일으켰고, 신념을 확고하게 해주기도 했으며, 더 발전시키거나 풍성하게 만들어주기도 했다. 나는 이 글을 쓸 수 있게 도와준 몇몇 친구들을 특별히 언급하고 싶다.

나는 매우 오래전부터 레지스 드브레를 알고 지냈다. 장뮬랭 클럽 시절부터 나는 그에게 큰 호감을 갖고 있었다. 내 연구를 위한 '동물 사육장'의 핵심에는 장뮬랭 클럽의 멤버들이 있다는 사실을 잊어선 안 될 것 같다. 이들은 피에르 망데스 프랑스*의 영향을 받은 진정한 민주주의자들로 내게 남아 있다. 이 친구는 나를 높이(지나치게 높이) 평가하고 있었다. 몇 년 전 이 친구는 자신의 잡지 『메디올로지Médiologie』를 통해 위대한 레지스탕스 운동가 몇몇을 불러모았다. 다니엘 코르디에, 이브 게나, 장루이 크레미외브리악, 그리고 나였다. 아주 흥미롭고 기분좋은 자리였다. 레지스 드브레는 내가 인간적으로 매우 깊은 정을 느끼는 친구이기도 하다. 게다가 그는 내게 놀라운 선물 하나를 주었다. 자신의 저서 가운데 한 권인 『박애의 순간』[11]을 내게 헌정한 것이다. 누군가 나에게 자신의 책을 헌정한 것은 난생처음이었다. 우리는 많은 일을 함께 했다. 그 모든 일 중에 내게 가장 강렬하게 남은 것은 우리가 함께 떠난 가자 지구 여행이었다.

다니엘 컨벤디는 68혁명 그 자체다. 물론 나는 그전엔 그를 알

* Pierre Mendès France(1907~1982), 프랑스의 정치가. 인민전선 내각에서 재무차관을 역임하고 드골 임시정부에서 경제장관을 지냈으며 총리 겸 외무장관을 맡았다. 외무장관 시절, 제네바협정을 통해 베트남전쟁의 휴전을 이끌어내고 유럽 통합을 추진하는 등, 탁월한 외교력으로 큰 성과를 올렸다.

지 못했고, 1968년에도 그를 만나지 못했다. 당시 나는 알제리에 있었기 때문이다. 우리의 만남은 1968년 사건이 있고 나서도 20년이 지난 후에야 이루어졌다. 당시 그는 프랑크푸르트 부시장으로서 '이민 문제와 함께 살아가기(다문화)' 부문을 담당하고 있었다. 그는 내가 프랑스에서 이민자 문제를 알리는 선동자 역할을 해왔으며, 미셸 로카르에게 그 사안을 다루는 방식의 문제점을 지적한 보고서를 보냈다는 것을 알고 나를 프랑크푸르트에 초청했다. 우리는 서로를 간접적으로만 알고 있었으나 이를 계기로 매우 강력한 결속력을 갖게 되었다.

우리는 이민자 문제를 화두로 만나게 되었고, 이민자들의 동화와 한 도시 안에서 서로 다른 문화적 공동체들이 함께 살아가는 문제를 다루는 방법들에 대해 열정적인 토론을 나누었다. 이후 나는 프랑스와 유럽 정치무대에 10년에 한 번씩 나타나 활력을 불어넣는 지치지 않는 선동가 녹색 다니*(이후 그가 녹색당에서 줄곧 활약해왔으므로)로서의 그를 알게 되었다. 게다가 나는 그의 최근 행보를 따라 녹색당원이 되었다. 다니가 나도 잘 아는 조제 보베와 함께 발기한 유럽환경당Europe écologie이라는 멋진 모험에 나도 동참하게 된 것이다. 이 대범하고 열정적인 움직임은 내가 아직 절망하

---

* 다니엘 컨벤디의 애칭.

지는 않은 낡은 좌파의 얼굴을 바꾸고 노선을 변화시킬 수 있는 힘을 지녔다.

내가 볼 때 다니는 놀랍도록 정치적 타당성을 지닌 인물이다. 우리가 처한 상황에 대한 그의 분석은 언제나 가장 명석한 것으로 보인다. 게다가 그는 매우 솔직하고 직접적이며, 어디에서도 독선을 드러내지 않는다. 그에게는 매우 특별한 정치적 지혜가 있다고 나는 생각한다. 그가 생태주의자인 것은 결코 우연이 아니다. 오늘날 가장 중대한 문제는 하나뿐인 우리 지구의 미래이기 때문이다. 그러나 그가 자연파괴에 대항하는 투쟁을 가난에 맞서 싸우는 투쟁과 분리하지 않는 것을 볼 때, 정치라는 체스판에서 그의 존재는 매우 특별하다. 그는 한 정당의 진정한 지도자일 수 없는 사람이다. 내 느낌에는 그렇다. 게다가 그가 당대표가 되려 할 때 그 바람이 잘 이루어지지도 않는다. 그는 또한 교육부나 환경부 혹은 또 다른 분야의 장관이 될 영혼을 가지지도 않았다. 그는 그러한 역할을 그 분야에 관심 있고 능력 있는 사람들에게 맡긴다. 그러나 그는 잘 굴러가지 않는 일에 대해 타협하지 않는 목격자 노릇을 할 것이며, 해야 할 일에 대해서는 손가락을 들어 명확히 지적하는 역할을 할 것이다.

내가 미셸 로카르에게 무척 깊은 애정을 가지고 있다면, 그것은 그가 피에르 망데스 프랑스가 정의한 좌파의 이상을 가장 잘 실현해낸 인물이기 때문이다. 내가 판단하기에 그는 사회주의에 대해 망데스와 동일한 애정을 가졌으며, 동시에 시장경제를 잘 굴리면서 사회주의를 작동시켜야 할 필요성을 직관했던 망데스의 정통 계승자이다. 게다가 로카르와 망데스 프랑스는 정치인생에서 각각 비슷한 문제를 공유하고 있었으니, 그 문제는 바로 미테랑이었다.

내가 미셸을 만난 것도 역시 장물랭 클럽 시절이었다. 통일사회당Parti Socialiste Unifié 시절이기도 했다. 나는 전쟁중에 그의 아버지를 알게 되었다. 눈에 띄는 인물이었던 그의 아버지는 위대한 학자였고 매우 엄격했으며 아들이 국무총리가 되기보다는 자신의 뒤를 이어 위대한 과학자가 되기를 바랐을 것이다. 그의 아버지를 생각하니 문득 재미있는 이야기가 하나 떠오른다. 승천한 성모 마리아가 인류의 구세주가 된 아들의 운명에 대해 경탄하는 천사에게 대꾸한다. "나는 그애가 의사가 되기를 바랐답니다."

페터 슬로터다이크는 비교적 최근에 알게 된 독일의 위대한 철학자이다. 우리는 2008년 모나코에서 열린 컬레지엄 인터내셔널에서 알게 되었다. 참석자들은 알베르 왕자 주관으로 지구의 미래를 논의하는 소박한 원탁회의에 함께 둘러앉았다. 나는 그의 첫 저서 『냉소적 이성 비평』[12]을 읽고 엄청난 흥미를 느꼈다. 그의 사고는 전혀 체제순응적이지 않았고, 그 시절의 철학적 패턴을 따르는 것도 아니었다. 2008년 이후 우리는 다시 만났다. 그가 나를 독일의 카를스루에로 초대하곤 했다. 이후 우리는 서로 잘 통하는 사이가 되었다.

나는 그의 사상에 통달한 전문가는 전혀 아니다. 그러나 우리의 토론은 언제나 서로에게 지적 자극을 주었고, 나는 그로부터 큰 소득을 얻곤 했다. 그는 내게 순수한 의미에서 그리고 가장 숭고한 의미에서의 철학자이다. 나는 그가 '자신을 훈련시켜야 하는 인간의 책임'에 대해 서술하는 방식에 각별한 관심을 갖고 있다. 올리비에 마노니가 번역한 그의 최근 저서『네 삶을 바꿔야 한다』는 앞으로 우리가 구축해야 할 사회를 보다 깊이 있게 이해하기 위한 길을 그가 열기 시작했다는 것을 느끼게 했다.

나는 장폴 돌레의 이름을 슬픔과 함께 떠올린다. 그는 내가 이 책의 집필을 시작한 달에 죽었기 때문이다. 우리는 끈끈한 관계를 맺지는 못했다. 나는 그를 역시 컬레지엄 인터내셔널에서 사샤 골드만 덕에 만나게 되었다. 그를 만나자마자, 그에게 '철학'이라는 단어는 사회학이나 정치와 동떨어진 개념이 아니라는 사실을 느낄 수 있었다. 그는 사상이란 추상적인 것에 머무르지 않고 실제로 구현되어야 하고 구체화되어야 한다고 여기는 사람이었다. 바로 그런 점에서 우리가 나눈 몇 번의 대화는 각별히 유쾌하고 매우 유용했다.

한편 로르 아들러와의 만남은 퍽 오래된 것으로, 둘 다 시를 좋아한다는 공통점으로 인해 시작되었다. 그녀에 대한 첫번째 기억 (그리고 이 기억이 나를 다시 시로 이끌었다)은 카바레 소바주에서의 모임이었다. 그녀는 거기에 있었다. 그 시절 로르 아들러는 빨간 머리를 하고 있었기에(지금은 빨간 머리가 아니다) 나는 그녀를 바라보면서 아폴리네르의 시 「빨간 머리 미인」을 낭송했다. 그후 우리는 시적인 접촉을 시작했고 그녀는 내 친구가 되었다. 이후 그녀가 1년간 쇠이유 출판사의 편집장으로 일할 때, 그녀는 나의 책 『오, 나의 추억이여』를 펴냈다. 나는 이 책의 출간으로 그녀에게 깊은 감사와 우정의 마음을 갖게 되었다. 당시 나는 이미 여러 출판사에 그 원고를 보냈었다. 그러나 거의 모든 출판사들의 답변은 다음의 상냥한 편지와 거의 유사했다.

"당신의 원고는 매우 흥미롭고, 심지어는 매우 감동적이기까지 합니다. 그러나 불행하게도 세 가지 언어로 된 책을 출간한다는 것은 저희 출판사로서는 완전히 불가능한 일입니다. 그러므로 당신의 출간 제의를 받아들일 수는 없습니다. 원고를 보내주셔서 감사합니다."

몇 달 뒤 로르 아들러는 세 가지 언어로 된 책을 출간하는 도박을 시도해보기로 한다. 그리고 내가 알기로, 결국 그녀는 이 결정을 후회하지 않을 수 있게 되었다. 쇠이유 출판사는 적어도 이 책의 출간으로 손해보는 장사를 하지는 않았다. 이 책은 곧 문고본으로도 나온다. 그리고 독일어판으로도 출간되었다.

장클로드 카리에르는 인도의 대서사시 『마하바라타』를 무대에 올리는 데 참여했고 달라이 라마와 인터뷰[13]를 한 바 있으며, 연극이나 영화를 위한 픽션과 에세이 여러 권을 출간한 인물이다. 내가 기억하는 그의 문장이 있다. "미래는 전통이다. 전통은 얼마나 오랜 시간 동안 유지될 것인가?" 이 문장은 내게 질문을 던져왔다.

그와의 교류는 저항과 희망, 생태주의, 연대, 상호의존, 측은지심 같은 근본적 가치들로의 회귀라는 화두에 몰입하던 내 정치적 사유의 정신적인 측면을 더 명확하게 해주었다. 그의 생각들은 내게 새로운 지평을 열어주었다.

내게 확고한 흔적을 남긴 두 남자와의 만남에 대해서도 언급하고 싶다. 그들과의 교류가 아니었다면 나는 분명 오늘의 내가 아니었을 것이다.

오이겐 코곤, 그가 없었다면 나도 오늘날 이 자리에 없었을 것이다. 내 인생의 결정적 순간. 그는 유대인 포로수용소 중에서도 가장 위험한 곳으로 알려진 부헨발트 수용소 한가운데에서 보기 드문 용기의 표상이었다. 8월 9일 파리를 떠나 그곳에 함께 도착한 일행의 수는 모두 36명이었다. 연합군이 도착하기 보름 전이었고, 전쟁은 나치의 승리로 끝나가고 있다고 모두들 생각하고 있었다. 당시 나와 가장 친했던 동료는 포레스트 여토마스로, 윈스턴 처칠의 측근이었고 용감한 자들 중에서도 최고로 용감한 자였다. 그는 피에르 브로솔레트*를 탈출시키기 위해 낙하산을 타고 프랑스에 상륙했다. 그러나 작전에 실패하고 자신도 붙잡혀서, 36명이 따로 격리되어 갇혀 있던 17구역에서 나처럼 사형 집행을 기다리고 있었다. 당시 우리는 우리에게 사형이 선고된 사실을 모르고 있었다. 그러나 우리 중 16명이 푸줏간의 갈고리에 목이 매달려 처형된 후, 나머지 사람들은 탈출 계획을 실행할 희망을 더이상 갖지 못했다. 그러다 여토마스가 코곤과 접촉하면서 우리 중 단 세 사람이 탈출에 성공할 수 있었다. 나머지 사람들은 총살당했다.

기독교인으로서 나치에 저항해온 코곤은 1939년부터 수용소에 갇혀 있었고 딩쉴러 박사 옆에서 특권을 누리고 있었다. 딩쉴러 박사는 수용소 내 티푸스 전담 의사였다. 그 수용소는 히틀러 친위대

---

* Pierre Brossolette(1903~1944), 프랑스의 언론인이자 좌파 정치인. 레지스탕스 지도자.

SS, Schutzstaffel가 수감자들을 대상으로 죽음의 실험을 진행해 악명 높은 곳이었다. 코곤은 딩쉴러 박사에게 위험천만한 제안을 한다. 연합군 장교 포로들을 티푸스에 걸려 빈사 상태에 있던 젊은 프랑스인들이 누워 있는 구역으로 오게 한 후, 그 빈사 상태의 사람들을 프랑스 장교들인 것처럼 위장해 화장터로 보내고, 프랑스 장교들은 화장터에 보내진 자들의 이름을 빌려 다른 수용소로 내보내자는 제안이었다. 제안의 대가는 딩쉴러 박사가 프랑스 장교들에게 그가 제공한 서비스를 입증하는 증명서를 발급받고, 거기에 그들의 서명을 받는 조건이었다. 물론 딩쉴러 박사는 전쟁이 독일의 패배로 끝나가고 있다는 것을 알고 있었다. 딩쉴러 박사는 단 두 명에 대해서만 이 제안을 받아들이려 했다. 그러나 코곤은 결국 세 사람을 받아들이게 하는 데 성공한다. 그 세번째 사람이 바로 나였다. 벌써 서른번째 이 이야기를 하는데도 내 손은 여전히 부르르 떨린다. 죽음이 예정된 모든 사람들이 그곳에서 나를 대신해 구출될 수 있었다. 코곤이 없었더라면, 그리고 두 명의 영국인에 프랑스인 한 명을 추가하는 선택을 했던 여토마스가 없었더라면 내 삶은 거기서 끝났을 것이다.

그 잊을 수 없는 사람 오이겐 코곤을 나는 전쟁이 끝난 후에는 자주 만나지 못했다. 내가 뉴욕으로 떠나기 전, 1945년에 단 세 번 그를 만났다. 그런데 아낌없이 내 삶을 돌봐주던 수호천사처럼 우연의 일치로 그의 아들 미하엘 코곤이 나의 책『오, 나의 추억이여』
를 번역한 데 이어『분노하라』와『참여하라』까지 번역했다. 2009
년 오이겐 코곤 재단이 수여하는 오이겐 코곤 상을 내가 수상하도
록 해준 사람도 미하엘이었다. 독일 역사를 기록할 때 코곤이 차지
하는 중요성은 헤아릴 수 없을 만큼 막중하다.

오이겐 코곤은 독일어권에서 오랫동안 큰 영향력을 발휘했고,
그가 발행한 정치문화잡지『프랑크푸르트 연구Cahiers de Francfort』
외에도 특히 놀라운 저서『히틀러 친위대 국가』[14]를 통해 국가사회
주의 현상에 대한 지적 분석에 큰 기여를 했다. 이 책에는 그와 내가
주고받은 편지도 수록되어 있다. 이 책은 독일 청년들이 어떻게 해
서 히틀러의 함정에 걸려들었는지를 가장 잘 묘파한 책일 것이다.

그리고 나의 지식 형성에 중요한 역할을 한 존재로 앞서 언급했
던 발터 벤야민이 있다. 그를 처음 알게 된 건 일곱 살 때였다. 나는
특별하고 우아하고 섬세한 철학자이자 예술사가, 문학평론가, 그
리고 미술평론가이자 번역가인 이 남자에 대해 많은 이야기를 들
려줄 수 있다. 그러나 나는 탁월한 정신의 소유자인 그에 대해 단
한 가지 재미있는 일화만 이야기하겠다. 어두운 이야기들이 많기
때문이다.

그때 우리는 가족과 함께 있었다. 우리는 '비블슈테헨Bibelstechen

(성경 찌르기)'을 하던 중이었다. 이 놀이는 먼저 책을 하나 선택해야 한다. 가장 자주 선택되는 책은 성경이지만, 물론 다른 책도 가능하다. 우선 한 사람에게 칼을 책장 사이로 집어넣게 한다. 그리고 또다른 사람에게는 책 본문의 어떤 행을 어떤 사람에게 바칠 것인지를 말하게 한다. 행을 받을 사람은 그 자리에 있을 수도 있고 없을 수도 있다. 그리고 행을 지정한다. 예를 들어 밑에서 다섯째 행 혹은 위에서 넷째 행, 오른쪽 또는 왼쪽 페이지의 밑에서 다섯째 행 혹은 위에서 넷째 행, 이런 식이다. 읽는 사람은 규칙을 엄격하게 지켜야 한다. 즉 지정한 행 전체를 읽어야 하며, 문장이 중간에 끊기더라도 더 읽으면 안 된다.

그날의 행은 벤야민에게 바쳐졌다. "그는 무엇이든 할 수 있다. 그러나 그가 멍청이가 되는 것은 어렵다." 문장은 여기에서 끝났다.

이 일화는 나에게 폴 발레리의 책 『테스트 씨』의 첫 문장을 떠올리게 한다. "바보짓은 내 장기가 아니다."

다중 정체성의
시학

진실을 진실로서 인정하는 것, 동시에 실수를 인정하는 것, 순응하지 않고 반대편으로 살아가는 것, 모든 방법을 통해 모든 것을 느끼는 일은 결국 모든 것에 대한 지성을 갖는 일이다. 사람이 하나의 정상에 우뚝 섰을 때, 그는 모든 정상들로부터 자유롭다. 마치 하늘의 한 점에 모인 모든 정상들 위에 홀로 서 있는 것처럼. 그러나 인간은 결코 하늘의 한 점에 모이지 않는다. 모든 정상에 서 있는 자들이 그런 것처럼.

—페르난두 페소아, 『뱀의 길』 중에서

언어에 대한 감수성

　나는 세 가지 언어를 자유롭게 구사한다. 이것은 단순히 경력을 쌓는 길을 열어주는 직업적인 능력일 수도 있었다. 그러나 나는 독일어를 배우고 프랑스어와 영어를 구사하는 것이 득이 될 거라고 생각하며 이 세 언어를 완벽하게 습득한 것이 아니다. 언어에 대한 나의 감수성은 이보다 훨씬 더 내밀한 것이다. 세 가지 언어를 구사한다는 것은 정체성의 영역이며 동시에 삶의 방식이기도 하고, 시적 단상을 통한 말의 왕국에 입장하는 것이기도 하다.

　시는 내가 가장 좋아하는 타인과의 소통방식이다. 시 한 편을 낭송하는 것은 귀한 바이올린을 연주하는 것이고, 다소 공식적인 자리에서 즉흥연주를 하는 것과 같다. 그래서 나는 젊은 세대에게 이야기할 때면 시를 암송하고 그럼으로써 말과 육체적인 관계를 맺으라고 부추긴다. 말은 하나의 의미일 뿐 아니라 소리이며, 진동으로 그 자신의 의미를 전하는 음악이기도 하기 때문이다.

아름다운 언어와 시는 사람들의 마음을 연다. 이 둘은 서로 다른 사람들을 '스며들 수 있는' 존재로 만든다. 나는 공적인 모임에서 한 번 경험한 이후 점점 더 자주 겪게 된 한 가지 현상에 완전히 사로잡혔다. 최근에는 뒤셀도르프에서 그 일이 일어났다. 나는 내가 왜 이 자리에 오게 되었는지를, '분노'와 그 밖의 많은 것들에 대해 이야기했다. 정성을 다해 생각을 가다듬고 말하고 나의 이야기들을 펼쳐냈다. 그리고 사람들은 내게 질문을 했다…… 그러다가 마지막에 나는 "그럼 이제 릴케의 짧은 시 한 편을 여러분 앞에서 낭송할까 합니다"라고 말해 모두를 놀라게 했다. 내가 시를 낭송하는 방식은(세월이 흐를수록 나는 점점 시 낭송에 익숙해졌다) 이제 자연스럽게 청중의 환호를 불러일으키게 되었다. 이미 그 시를 잘 아는 사람들도 멋지게 낭송하기만 한다면, 시 낭송 듣는 것을 좋아했다. 외국 시를 들을 때도 마찬가지이다. 최근 프랑크푸르트에서 다니 컨벤디의 사회로 진행된 요슈카 피셔*와의 토론회에서는 토론이 끝난 후 독일 시와 프랑스 시를 청중 앞에서 낭송했다. 청중이 프랑스어를 이해하지 못하는데도 토론회장의 반응은 뜨거웠다.

---

* Joschka Fischer(1948~), 독일 녹색당의 대표이며 독일 외무부 장관을 지냈다.

나는 메시지를 전달할 때 문자로서의 언어가 가진 부인할 수 없는 중요성에 대해 확고한 믿음을 가지고 있다. 그러나 발음된 언어, 그것이 갖는 음악성, 소리 또한 필요하다. 철학의 태동기에 소크라테스를 비롯한 고대 그리스의 몇몇 철학자들이 글로 가르침을 전하길 삼가고, 작가와 독자 사이에 가로놓인 고독보다는 살아 있는 언어를 통해 직접적으로 의견을 교환하길 선호한 것은 우연이 아니었던 것이다.

활력의 원천

물론 철도 여행과 비행기 여행에는 피곤이 뒤따른다. 하지만 누군가 내게 질문을 던지면, 그 순간 그에게 답을 하고 메시지를 전달하고 싶은 욕망이 불끈 솟아올라 잃어버린 줄 알았던 활력을 다시금 충전해준다. 진심으로 말하건대 나는 다른 사람과의 만남에서 다시 한번 멀리 뻗어나가고자 하는 활력의 원천을 발견한다. 혼자 독서에 심취해 있을 때면, 종종 누군가 내 앞에 있으면 좋겠다고 주절거리기도 한다. 물론 이것은 일종의 도취이다. 커다란 강연장, 그곳을 가득 메운 사람들, 나는 말하고 강연장은 환호의 박수로 넘쳐난다. 얼마나 흥분되는 순간인가.

청중의 환호에서 느끼는 매력 외에 특정 공간들도 내게 활력을 제공하는 원천이다. 우선 조용한 자연이 지배하는 공간이 그러하다. 예를 들자면 최근 샤리테쉬르루아르Charité-sur-Loire에서 잠시 머물렀던 기억이 떠오른다. 그곳에서 내가 머문 호텔 방은 한쪽은 강변을 향해, 또다른 쪽은 11세기의 경이로운 유적인 작은 수도원을 향해 창이 나 있었다. 자연과 건축물이 조화롭게 어울리는 잘 보존된 그 공간이 내뿜는 아름다움과 마법은 내가 습득한 정치적 신념을 조금 더 강화시켜주었다. 특히 오늘날 내가 가장 소중한 가치로 여기는 자연과 땅을 보호해야 한다는 생각을 더욱 단단하게 만들어주었다. 이것은 내가 녹색당(유럽환경당)에 참여하는 진짜 이유이기도 하다.

내 마음을 각별히 움직이는 도시들도 있다. 그 도시들이 내 정체성의 중요한 푯말이 되어주기 때문이다. 내 부모님의 도시이며 내 어린 시절의 도시인 베를린이 바로 그렇다. 베를린이 변모하는 모습을 보면 나는 강렬한 인상을 받는다. 오늘날 이 도시는 더이상 내가 알던 그 도시가 아니다. 베를린은 완벽하게 열정적인 도시이다. 몇 달 전, 나는 그 도시의 시적 감흥과 매력을 다시 한번 흠뻑 느낄 수 있었다. 서독일방송WDR, Westdeutscher Rundfunk이 나를 인터뷰하고자 했으나, 아이슬란드 화산 폭발 때문에 방송팀은 베를린에 제시간에 도착할 수 없었다. 덕분에 나는 자유롭고 신나는 오후

시간을 즐길 수 있었다.

베를린 체류기간 동안 나의 가이드를 맡았던 여자분은 나에게 슈프레 강 주변을 한 바퀴 돌아보라고 권했다. 우리는 바이덴다머 다리에서 매우 멋진 유람선을 타고 한 시간 동안 베를린을 가로질렀다. 한편에는 베를린 구시가가, 다른 한편에는 박물관들이 있는 섬과 독일연방의회 의사당, 그리고 그 너머에는 새로운 정부청사들이 한눈에 들어왔다. 그리고 유람선은 다시 바이덴다머 다리를 향해 뱃머리를 돌렸다. 이날 내 마음에 쏙 들었던 베를린은 분명 지금 현재 유럽에서 가장 흥미로운 도시 중 하나일 것이다.

베를린은 격랑에 휘말렸던 역사의 물줄기를 다잡는 데 성공했다. 미래를 향해 새롭게 단장된 건축물들은 과거를 조금도 부정하지 않으며, 오히려 그것을 시가지의 구성에 포함시켰다. 그리고 전시장, 박물관, 공연장 들에서 벌어지는 저 많은 활동과 행사 들, 문화적 활력…… 이 도시는 전 세계 젊은이들이 내일의 공동체를 경험하기 위해 찾아드는 구체적인 유토피아가 되었다.

나는 베를린, 그리고 독일과 각별한 관계를 가지고 있다. 나는 독일 민족이 유럽의 모든 민족들 가운데 20세기의 가장 또렷한 흔적들을 가장 밀도 있는 방식으로 역사에 새긴 민족이라고 생각한다. 대단한 권세와 복종으로, 때로는 공포와 어려움과 죄책감으로, 분단의 아픔과 역사적인 지역에 대한 손실로, 가장 끔찍한 방식과 가장 거창한 방식으로 이 세기를 살아냈다. 그들의 경험이 거창했기에, 그것은 더 끔찍한 것이기도 했다. 히틀러의 승리는 그 시기의 독일인들에게는 말 그대로 어마어마한 일이었기 때문이다. 그것은 공포, 실패, 파괴의 기억이기 이전에 영광의 기억이었던 것이다.

그러나 이 모든 참혹하고 파괴적인 비극을 넘어서, 이 민족은 결국 수십 년이 지난 지금 유럽 건설의 핵심 주역으로서의 역할을 자임하는 데 성공했다. 다른 민족들을 학대했고, 동시에 스스로를 학대했던 이 독일 민족은 20세기의 그 모든 독특한 경험과 21세기보다 나은 유럽 건설의 책임을 함께 지니고 있다고 나는 생각한다.

나는 이같은 명확한 사실 몇 가지를 끊임없이 독일 라디오에서 이야기했다. 내 메시지가 청취자들을 기쁘게 하는지 어떤지는 알지 못하지만, 적어도 관심을 불러일으킨다는 사실 정도는 알고 있다. 어찌되었건 나는 독일에서 태어났다. 그리고 지금 나는 극히 일부만 독일인이다. 지금의 나는 프랑스인에 훨씬 가깝고, 유럽인이기보다는 거의 미국인에 가깝다. 그러나 내 근원에는 여전히 독일인의 뿌리가 조금 남아 있다. 그래서 나는 홀로코스트의 공포를 직면할 용기를 갖고 있고, 그들이 저지른 범죄에 죄책감을 느낄 줄 알며, 그에 대한 양심의 가책을 지니고 있다. 그리고 이 모든 것에도 불구하고 다시 일어설 줄 아는 이 민족에게 닥친 모든 일에 진정으로 공감한다.

"우리는 꿈의 재료로 만들어졌다"

아민 말루프는 정체성의 문제를 다룬 매우 뛰어난 책『사람 잡
는 정체성』[15]에서, 자신은 항상 정체성에 대한 질문(프랑스인인지
레바논인인지를 묻는)에 대답하기를 거부해왔다고 설명한다. 그는
두 정체성을 동시에 가지고 있는데다, 정체성이라는 카테고리 안
에 갇히기를 원치 않는다. 말루프의 이야기는 우리에게 좋은 영감
을 준다. 내게 이 문제는 상당히 복잡하다. 때때로 나는 스스로를
진정한 베를린 키드로 느낀다. 대범하고 장난꾸러기인 베를린 아
이 말이다. 일종의 독일판 가브로슈*라고 할 수 있다. 그러므로 나
는 어쩌면 베를린에 사는 독일인보다 더 베를린 사람이다. 그러나
다른 한편으로 나는 가장 프랑스적인 사람의 모든 특징을 지니고
있기도 하다. 파리는 나의 도시이다. 나는 국적뿐만 아니라 마음까
지 프랑스 사람이다. 나는 프랑스가 가진 모든 단점에도 불구하고
프랑스를 사랑한다. 나는 독일 역시 사랑한다. 사실 나는 다니엘

---

* 빅토르 위고의 소설『레 미제라블』에 나오는 인물로 전형적인 파리 아이를 상징한다.

컨벤디와 비슷한 경우에 속한다고 할 수 있다. 게다가 언젠가 정체성이라는 이 미묘한 문제에 대해 그와 토론한 적도 있다. 독일인이면서 동시에 프랑스인? 그러면 우리는 유럽인인가?

나의 이중국적은 내가 그 사실을 제대로 인지하지도 못한 상태에서 매우 재미있는 방식으로 주어졌다. 나는 일곱 살 때, 낯설기만 한 나라 프랑스에 도착했다. 그러나 유년기, 그러니까 약 열두 살 무렵부터 나는 이미 프랑스인이었다. 나는 프랑스 고등학교에서 공부했고 프랑스어로 이야기했으며 내 친구들도 프랑스인이었다…… 그러니 나는 프랑스인이다. 그러다가 갑자기 행정 당국이 간섭하고 나섰다. 20세가 되던 해, 나는 프랑스로 귀화했다. 나는 스스로 프랑스인도 아니고, 전보다 덜 독일인인 것도 아니라고 느꼈다. 그러나 신분증은 땅과 마찬가지로 거짓말을 하지 않는다.

그런데 바로 이 무렵 나는 국적 분류의 부조리를 경험했다. 귀화하여 프랑스인이 되자, 국립고등사범학교에 다닐 권리가 없어진 것이다. 왜냐하면 나는 그 학교에 외국인 학생으로서 입학 허가를 받았기 때문이다. 학교에서는 이제 프랑스인이 된 이상 입학시험을 다시 쳐야 한다고 통보했다. 오늘날의 입학시험 조건이라면 나는 틀림없이 두번째 관문을 통과할 수 없었을 것이다.

정체성, 그것은 서류에 찍힌 도장일 뿐이었다. 예를 들어 사람들은 내 어머니의 이야기를 불멸로 승화시킨 그 멋진 영화 속으로 언제나 나를 끌어들였다. 나는 〈쥘 앤 짐〉의 아들이었던 것이다. 그러나 나는 그 주제에 대해 별달리 할말이 없다. 우리가 갖고 있는 가장 내밀한 것들은 결코 영화 같은 매체를 통해 나오지 않는다고 나는 생각한다. 영화는 실제 우리 모습에 대한 변장이다. 나는 이미 그 자체로 매우 감동적이고 유명한 작품 속에 박제된 인물로 갇히고 싶지 않았다.

정체성은 복잡하고 미묘한 문제다. 때때로 그것은 명백하게 부과된다. 어떤 사건이 우리를 또다른 나 자신과 연결시켜주기 전까지는…… 정체성은 말루프가 말한 것처럼 사람 잡는 문제일 뿐 아니라 우리를 훼손시킬 수도 있는 문제이다. 사르코지가 국가정체성부와 함께 검토했던 것처럼 누군가를 행정적, 사무적 틀 안에 가두는 것은 지성에 대한 침해이며, 각 개인의 내면에 대한 침해이다. 내가 누구인지를 말해줄 사람은 정부 부처가 아니다. 내 정체성을 결정하는 것은 내 신분증이 아니다. 심지어 다니엘 컨벤디는 프랑스 신분증을 가지고 있지도 않다. 하지만 세상 어느 누가 그가 프랑스인이라는 사실을 부정할 것인가?

우리는 무엇으로 이루어진 존재인가? 셰익스피어의 저 멋진 문장을 빌려 말하자면 꿈의 재료로? 정체성의 문제는 매우 심오한 것이다. 우리는 모순의 시대를 살고 있다. 기술의 발전으로 나라 간의 거리는 좁혀졌고 국경은 경제통합으로 인해 사라졌으나, 개인화된 이 세계에서 각 개인이 차지하는 자리는 불안정하기만 하다. 민족적, 종교적 혹은 문화적 공동체의 전통적인 고리가 와해되고, 가족을 포함한 집단이 약화되는 현실에서 우리가 느끼는 감정은 모순 그 자체다. 전통과 종교들이 강제하는 그 모든 억압적 순응주의 속에서 개인이 자유를 누린다는 것은 불가능해 보인다. 그러나 다른 한편으로 수많은 사람들이 나날이 더 거대해지고 낯설어지는 세계 속에서 외롭다고 느끼지 않고 위험을 느끼지 않는 것 또한 어려운 일이다. 바로 여기서 정체성을 단순화하고 싶은 욕구가 생겨난다.

하지만 문제가 있다. 우리는 결코 단지 '프랑스인'이거나 단지 '독일인'일 수 없다는 것. 우리는 한 도시 혹은 한 작은 동네에서 자신의 정체성을 찾을 수도 있다. 종교나 피부색에서 정체성을 찾을 수도 있으며, 잃어버린 정체성, 현실적으로 존재하거나 환상 속에 존재하는 장소, 성적 취향과 이데올로기적 성향을 통해서도 자신의 정체성을 정의할 수 있는 것이다. 베를린의 크로이츠베르크에 사는 터키인으로서 좌파이고 동성애자이며 이슬람 신비주의의 한 계파인 수피교도이기도 한 남자는 자신의 정체성을 뭐라고 정의해야 할까? 우리들은 모두 서로 다른 특징들의 조합이다. 때로는 완전히 모순되어 보이는 특징들의 조합이기도 하다.

유레카

바로 여기서 우리가 깊이 뿌리내릴 수 있는 하나의 공동체를 선택하는 일이 중요해진다. 예를 들어 조국에서 추방당해 프랑스로 망명한 시오랑*은 모든 종류의 국적을 거부하고 언어에 천착했다. "우리는 한 국가에 사는 것이 아니다. 우리는 한 언어를 통해 살아간다. 조국은 바로 언어다. 다른 그 무엇도 아니다." 나는 세 언어를 통해 그만큼의 조국을 선택한 셈이다. 게다가 이 세 언어 중 두 언어, 아니, 어쩌면 세 언어 모두가 국제어이기 때문에, 나의 소속감은 하나의 국가공동체를 넘어선다.

언어공동체라는 기준은 단순한 사실 하나를 환기한다. 우리가 어떤 개인적인 자유를 갖는지, 우리가 어떤 독창성을 요구하는지는 그다지 중요하지 않다. 중요한 것은 다른 사람들과 소통할 수 있는가 하는 점이다. 이 평범한 진리는 나로 하여금 또다른 명백한 사실을 주장하게 한다. 개인은 혼자가 아니며, 독자적이지도 독립적이지도 않다. 인간은 혼자 살 수 없다. 인간은 사회적 동물이다.

우리는 우리보다 더 큰 무언가에 속해 있다.

나는 에드거 앨런 포의 약간 광적이면서도 매우 아름다운 글

---

* Emile Cioran(1911~1995), 루마니아 출신의 철학자이자 작가. 1946년 루마니아 정부로부터 추방되어 프랑스에서 살았으나 프랑스인으로 귀화하지는 않았다.

『유레카』를 읽으라고 친구들에게 늘 권한다. 이 글에서 포는 개인과 우주 사이에 연계를 맺고자 한다. 우리는 우리를 둘러싸고 있는 것들과 관계를 맺고 있다. 우리를 둘러싼 것들은 우리로부터 점점 더 멀어져가고, 점점 더 넓어지는 다른 영역에서 반드시 다시 모인다. 인간이 우주만물과 맺고 있는 관계를 설명하고자 한 이 시도는 다음의 재미있는 문장에 근거하고 있다. "아무것도 존재하지 않았기 때문에 만물이 존재한다.Because Nothing was, therefore All Thing are." 이 글은 한 개인에서 우주 전체에 이르기까지 우리가 발견할 수 있는 위대한 아름다움과 복잡하게 뒤얽힌 현실의 불가해한 깊이에 대해 사고하게 한다.

내게 이 탁월한 글을 읽힌 사람은 내 어머니였다. 어머니가 없었다면 나는 분명 지금보다 훨씬 덜 섬세한 사람이 되었을 것이다. 몇 달 전 이 글을 다시 읽으면서 나는 다시 한번 이 글에 열광했다. 비록 이 글이 최선의 방식으로 시작하진 않지만. 이 글은 농담 하나로 시작한다. 바다 한가운데에 병 하나가 떠 있다. 특별한 사연도 연관성도 없이. 그렇게 약 20쪽에 걸쳐 과학자가 아닌 사람의 입장에서 볼 때는 약간 순진하거나 좀 우스꽝스러운 이야기가 펼쳐진다. 그러나 '나'와 우주에 대한 이같은 인식을 다루는 장章으로 들어서는 순간, 메시지는 매우 강렬해진다.

그가 던지는 메시지는 내게 절대적이다. 한 개인은 자신보다 훨씬 더 큰 조직 속으로 진입한다. 국가적, 개인적으로 우리가 얼마나 독립적이든, 우리는 어쨌거나 상호의존적인 존재들이다. 나는 불교의 메시지를 언급하면서 이 점에 대해 이미 언급한 바 있다. 그러나 이것이 전부가 아니다. 상호의존이 얼마나 그 범주가 넓은지를 알아보기 위해 불교나 동양적 전통을 통해 배울 수 있는 또다른 것들이 있다. 바로 우리를 둘러싼 모든 것, 살아 있는 모든 생명체, 동물, 식물, 다시 말해 결국 세상의 모든 존재, 모든 피조물들이 상호의존한다는 것이다. 이는 한 체계 안에 있는 서로 다른 원소들 간의 지속성과 상호작용에 관한 철학이며, 서양철학의 근본적 분리(이미 오래전부터 그랬다), '우리'와 '우리가 아닌 것' 사이의 분리, 사람과 자연의 분리, 주체와 객체의 분리를 주장하는 철학을 한참 앞선다. 이러한 접근방법을 통해 우리는 사람을 나머지 모든 것으로부터 분리하고, 인간을 하나의 완전한 독립체인 것처럼 따로 분리하는 전통적인 습관을 벗어던질 수 있다. 그것은 완전히 헛된 망상이기 때문이다. 우리가 경험적으로 명백한 사실로 분류하는 영역의 핵심, 이를테면 살아 있는 것과 죽은 것 사이의 분리도 마찬가지다.

결국 여기에는 일종의 대화관계가 성립된다. 그리하여 '살아 있는 것'은 결국 어느 날 죽게 될 존재임을 뜻하며, 그 안에 이미 살아 있지 않은 것을 지니고 있는 것이다. 장클로드 카리에르는 '살아 있는 신'이라는 모순어법으로 말장난을 하길 즐겨했다. 사실 신은 영원한 존재다. 그러니 그는 살아 있지 않다. 살아 있다는 것은 영원하다는 것의 반대말이다. 만약 신이 존재한다면, 삶의 영역 너머에 존재할 것이다. 수피교의 전통이 말하듯 신은 '시간이라는 페이지 바깥에' 존재할 것이다.

신앙의 우회

프랑스나 독일의 지배적인 문화와는 달리, 나는 사회적 타협 차원에서조차 한 번도 기독교 신자였던 적이 없다. 사실 나는 먼저 그리스 신들에게 관심을 가졌다. 아버지로부터 받은 영향 때문이었다. 따라서 내게 신적인 존재는 구름 위에 앉아 있는 긴 수염을 기른 늙은 남자나 로마인들에 의해 십자가에 못박혀 죽은 젊은 남자의 이미지로 함축될 수 없었다. 나는 다원적인 초월성을 선호했다. 아프로디테나 에로스가 사랑의 영역에서 구현하고, 아폴론이 예술의 영역에서 누리는 초월성, 제우스가 보여주는 정의에 대한 몇 가지 형태의 초월성. 폭력의 영역에는 아레스가 있고, 황홀함의 영역에서는 디오니소스가 자리를 차지한다. 이들은 여럿이다. 이들은 우리가 관심을 두어야만 하는 영역에서 자기들끼리 놀이를 즐긴다. 우리는 그들 모두를 존중해야 한다. 특히 전령인 헤르메스를. 나는 다신론을 좋아한다. 이때 우리는 인간으로서 책임을 더 지니게 된다. 프로메테우스가 우리에게 인간으로서 휴머니티를 만끽하며 살아가도록 필요한 것을 주었기 때문이다.

나는 많은 가톨릭 신자, 개신교 신자, 정교회 신자 들을 대개는 큰 존경심을 품고 만났다. 내 친척 중에는 나와 가깝게 지내는 목사들도 있었다. 나는 그들을 대단히 존중했다. 그러나 일신교에 대한 내 거부감에서 비롯된 약간의 거리감이 있었다. 명심해야 할 한 가지. 나는 일신교와 종교 일반을 구분해야 한다고 본다. 일신교의 신자가 된다는 것은 단 하나의 신만이 존재한다고 주장하는 것이다. 유일신 여호와, 그와 완전히 구분되는 알라, 모세와 아무 관련도 없는 유일한 구세주 그리스도, 이러한 신을 믿는 일신교들은 수 세기 전부터 서로 피할 수 없는 갈등을 키워왔다.

이들은 분명히 일반적인 의미의 종교들보다 훨씬 더 많은 폐해를 불러왔다. 어쩌면 절대적인 숫자에서는 그렇지 않은지도 모르겠다. 현대적인 모든 것들은 어찌되었건 옛것들에 비해 학살이라는 면에서 훨씬 더 뛰어난 능력을 발휘하니까. 나는 종종 옛날의 전쟁과 오늘의 전쟁을 비교해보곤 한다. 옛날에는 몇몇 부대들이 맞붙어서 서로 싸우고 죽였다. 그리고 싸움이 종료되면, 양편의 대장들이 만나 평화의 길을 열곤 했다. 그러나 오늘날에는 적어도

200만 명이 희생된 후에야 평화를 이야기한다.

대체 우리는 어떻게 1940년대의 그 절대적 공포에 맞섰던 걸까? 부헨발트와 도라 수용소에 게슈타포의 포로로 잡혀 있는 동안 나를 지탱해준 초월적 힘은 일신교적 믿음이 아니었다. 국제법이 지니는 힘도 물론(아직 혹은 여전히) 아니었다. 만약 그랬다면 수용소의 안개 속에서 오래 버틸 수 없었을 것이다.

나를 바르게 지탱해주었던 첫번째 힘은 우리 집안이 갖고 있는 일종의 전통 같은 것이었다. 내 부모님이 삶의 핵심이자 유익하며 필요한 것이라고 가르쳐주었던 것들의 영향이다. 내 부모님은 한편으로는 그리스 신들을, 다른 한편으로는 시를 내게 물려주었다. 부모님 스스로가 한 분은 시인, 한 분은 시 애독자였다. 부모님은 내가 아주 어릴 때부터 시를 암송하게 하셨다. 내가 암송한 첫번째 시는 영어로 된 시였다. 나는 영어를 알지 못하는 상태에서, 단지 음조와 운율만으로 그 시를 익혔다. 그 시는 에드거 앨런 포의 짧은 시, 내 어머니의 이름이기도 한 「헬렌에게」였다.

내게 시는 하나의 '증거'였다. 내 경험에 의하면, 세상에는 우리를 활짝 피어나게 해주고, 우리가 맞서 싸우는 세력에 좌지우지되지 않고 그로부터 초월하게 해주는 영역이 있다. 시가 바로 그 증거다. 그때 우리는 다른 영역에 존재한다. 물론 그것은 예술의 영역, 상상의 영역이다. 즉, 어떤 측면에서 시는 구체적인 물질의 세계와 직접 연관을 맺지 않고 그것을 초월하며, 우리를 꿈꾸게 한다. 시로 인해 확대된 자유로운 생각으로 시의 리듬에 맞춰 꿈꾸는 것, 이것은 내가 음악이나 미술에서도 자연스럽게 발견하게 되는 감각이다.

결국 세상의 예술은 모두 우리에게 뭔가 전해줄 것이 있는 것 같다. 나는 예술 장르들 중 어떤 특정한 한 가지가 보편적인 현실을 대변할 수 있다고 믿지 않는다. 취향과 인식은 끊임없이 분화를 거듭하기 때문이다. 물론 모차르트, 베토벤 혹은 피에로 델라프란체스카* 같은 몇몇 예술가들은 개별적인 취향을 넘어서는 존재들이지만 말이다. 그러나 이러한 구별을 넘어 음악이 있고 시가 있어야 한다고 생각한다. 나는 이것이 인류의 보편적인 생각이라고 믿는다. 나는 우리가 살고 있는 세상이 점점 더 음악, 미술과 같은 예술 장르와 상호 연관을 맺어가는 모습을 기쁜 마음으로 목격하고 있다. 이러한 상황을 목격하며 더욱 단단해지는 신념은 예술 안에는 보편성을 일깨우는 무엇이 있다는 점, 그리고 우리가 함께 나누는 아름다움에 대한 열망에서 그것이 싹튼다는 사실이다.

---

* Piero della Francesca(1420?~1492), 이탈리아의 화가. 제단화祭壇畫를 많이 제작했으며 대표작으로 성 프란체스코 성당 안의 제단 벽화 〈십자가의 전설〉이 있다.

시와 행운

살아볼 만한 삶이란 어떤 삶이냐고 물을 때, 아리스토텔레스식으로 다시 말하자면, 어떤 삶이 '좋은' 삶이냐고 물을 때, 우리는 책임감 있는 삶, 그리고 참여하는 삶이라고 대답할 수 있을 것이다. 물론 상상을 초월하는 다양성과 상상력, 예술과 시의 자리에 대해서도 고려해야 한다. 이러한 영역이 없다면, 거의 죽음에 가까운 경험을 한 후에 무한한 노력을 통해 다시 새롭게 태어날 때, 그 새로운 삶에서 거의 아무런 의미도 찾을 수 없게 될 것이다. 그리고 우리가 경험한 것과 행동 그리고 성찰도 구분할 수 없게 된다.

나는 어른의 삶을 시작하면서 철학자가 되기 위해 노력했다. 고등사범학교에서 지도교사로 메를로퐁티를 만나게 된 건 내게 큰 행운이었다. 나는 지금까지도 그 위대한 정신의 소유자가 내게 준 모든 소중한 것들을 철학에 관심 있는 사람들에게서 다시 발견한다. 철학이라는 영역에서만 보면, 어쩌면 그는 그의 친구 사르트르보다 더 위대한 인물이었다. 행운, 우리는 늘 그것과 더불어 살아간다. 마치 신과 동행하는 것처럼, 어깨 위에 작은 수호천사가 얹혀 있는 것처럼 매우 호의적인 일들이 내게 다가오고, 나는 그것들을 최대한 활용하기 위해 일에 착수한다. 예를 들어 내가 수용소에서 사형선고를 받은 후, 티푸스로 죽어 화장터로 보내질 사람과 신분증을 바꿔 달고 탈출한 일이 그렇다.

지금 생각해보면 엄청나게 중요한 순간이었다. 나는 어떻게 그 순간을 살아냈을까? 수용소에 갇혀 있을 때 내 머릿속엔 늘 열다섯 살 때 어머니가 내게 가르쳐주신 시들이 맴돌았다. 내게 그 시들은 엄습해오는 슬픔과 살을 에는 공포로부터 벗어나게 해주는 최선의 도구였다. 인간은 어떤 삶을 살 수 있으며 살아가려고 노력해야 하는 걸까, 라는 질문. 나는 시, 행운, 타인에 대한 호기심, 중재, 측은지심 같은 근본적인 축을 움켜쥐고 살아가는 것으로 충분하다는 확신을 갖고 이 질문에 접근했다. 우리가 이미 삶의 몇몇 순간에서 이런 조합이 성공적으로 작용하는 걸 경험했다면, 인생에서 일어날 이후의 모든 사건들이 새로운 의미로 다가올 것이다.

인생, 나는 그것이 내게 다가오는 대로, 심지어는 어느 정도의 순진함을 갖고 그것을 붙잡았다. 그런 태도는 어머니에게 물려받은 유산이었다. 나는 늘 내게 다가왔던 모든 것 중 가장 중요한 것이 내 어머니라고 이야기한다. 어느 날 어머니는 내게 이렇게 말씀하셨다. "행복해야 한다. 그리고 네가 누리는 그 행복을 네 주변의 모든 사람들에게 퍼뜨려야 한다."

이를 다른 말로 하면, 스스로 행복하다고 여김으로써 다른 사람들에게도 행복을 전할 수 있으며, 더불어 행복한 삶을 누릴 수도 있다는 것이다. 그렇다면 행복이란 우리가 의지를 가지고 끌어당

겨올 수 있는 것이란 말인가? 아니면 우연히 다가오는 것인가? 어쩌면 나는 내가 대단히 운좋은 사람이라는 걸 이미 깨닫고, 내 인생의 몇몇 단계에서 스스로에게 이렇게 말했던 것 같다. "넌 행운이 따르잖아. 자, 가봐. 넌 뭔가 해낼 수 있을 거야." 그러나 아무것도 할 수 없었던 적도 매우 많았다. 내 삶을 성공의 연속으로만 간주하는 것은 곤란하다. 나는 아주 많은 실패를 경험했다. 내 전기를 자세히 훑어본다면, 거기에서 아주 작은 몇 개의 성공과 그보다 훨씬 더 많은 실패를 발견할 거라고까지 말할 수 있다…… 그러나 나는 그런 실패들이 나를 좌절하게 만들도록 결코 내버려두지 않았다. 그 실패들은 내게는 더 멀리 가기 위해 반드시 필요한 것들로 보였다. 그리고 그럴 때마다 회복탄력성이, 즉 그 모든 것에도 불구하고 다시 길을 갈 수 있게 해주는 힘이 나에게 많은 도움이 되었다.

어느 날 장폴 돌레와 나눈 대화에서 이런 결론에 도달했던 것을 나는 기억한다. 결국 좋은 인생이란 우리가 축적해온 그 모든 실패에도 불구하고 자신에게 믿음을 갖는 인생이라고. 그리고 이 믿음은 시적 상상력이 우리를 풍부하게 지탱해줄 때 훨씬 더 강해진다고. 살면서 우리가 경험하는 모든 일들, 그리고 너무나도 지겨울 때가 있는 일상 옆에는 언제나 예술이라는, 시라는 피난처가 있다. 보들레르의 시 한 편을 낭송해보라. 순간 모든 것이 환해진다. 축처진 영혼을 일으켜세우려면 이탈리아의 산세폴크로에 가서 피에로 델라프란체스카의 그림을 감상해보라. 이러저러한 문건들을 통과시켜야 하는 불가능한 사명에 갇혀 있던 고단한 외교관 시절, 내 곁에는 언제나 상상력을 통한 경탄의 세계가 함께 있었다.

숭고한 용기—영혼의 힘

영혼에 대해 이해하기 위해서는 사회학자 마르셀 모스가 정의한 기부에 관한 이야기에 귀기울여보면 좋을 것 같다. 모스는 기부의 진정한 의미를 강조하며 이렇게 말했다. "이것은 보상으로 기부를 불러일으키는 것, 즉 '기부에 대한 보상으로 기부를 받는 것'을 뜻한다." 우리는 서로가 가진 것들을 기부하면서 더욱 조화로워질 수 있다. 나는 '조화'라는 단어를 강조하고 싶다. 인구가 점점 더 많아지고, 사람과 사람 사이가 점점 원자화되고, 조화로운 공동의 삶을 산다는 것이 갈수록 어려워지는 사회에서, 조화에 가장 큰 의미를 부여하고 싶기 때문이다. 특히 오늘날처럼 전자매체를 통해 관계가 이루어지는 시대에 모든 인간관계는 깊이와 피상성 사이에서 발전하므로, 인터넷에서 생성된 피상적인 관계도 무시해서는 안 된다고 한 페터 슬로터다이크의 말이 틀린 건 아니지만 말이다. 그럼에도 불구하고 우리는 함께하는 삶의 형식을 망각한 것 같다는 생각이 든다.

서로 다른 사회들 속에 수천 년의 세월 동안 이어져온 위대한 철학들 가운데, 수천 명의 타인들과 소통하기 위해 굳이 페이스북에 접속하지 않고도 '비슷한 귀'를 가진 사람들이 있다는 것을 느끼게 하며, 결국 하나의 작품으로 귀결되고자 하는 우리의 소망을 집단적으로 표출하게 해주는 방편을 찾아내야 한다.

여기에서 작품이라는 개념은 우리 모두에게 매우 중요하다. 개개인에게 자신의 삶은 하나의 작품일 수 있다. 혹은 개개인은 타인들을 위해 존재할 하나의 작품을 완성시키는 작업자일 수도 있다. 바로 이러한 움직임이 우리들 각자의 삶에서 꿈틀거리는 것을 나는 목격한다. 그러나 이러한 움직임은 다음의 커다란 두 가지 위험에 의해 억제될 수 있다. 기존의 것들과 조화를 이루지 못하는 모든 목소리를 질식시키는 정치적 억압, 그리고 타인에게서 발현되는 창조성에 대한 질투심에서 비롯된 냉소주의가 그것이다.

개인들은 이 두 가지 보수적인 힘에 저항하여 자신들의 전망을 새롭게 만들어내야 한다. 우리는 결코 혼자가 아니며, 결코 홀로 소외되지 않은 사회적 존재들이다. 다른 사람들과 더불어 무언가를 작품으로 빚어내기 위해 살아 있는 존재들이다. 나의 작은 책 『분노하라』의 결론을 장식하는 수수께끼 같은 제안 "창조하라. 그것이 저항이다. 저항하라. 그것이 곧 창조이다"는 바로 이런 의미에서 탄생했다.

진지한 분위기를 풍기는 이 진부한 표현의 이면에는 불만족과 분노를 불러일으키는 원인에 대해 저항해야 한다는 생각이 담겨 있다. 저항하기 위해서는 창조해야 한다. 그러나 어떤 사람이 창조해야 할 필요를 느낀다 해도, 그 욕망을 억압하는 힘 때문에 방해받을 것임을 금세 알아차리게 된다. 그러므로 억압하는 힘에 맞서 저항해야 하며, 강력한 의지로 밀고 나가야 한다.

이것을 슬로터다이크식으로 말하면 '자아의 생성'이라고 할 수 있겠다. 동물들도 이런 방식으로 스스로를 훈련할 수 있겠지만, 그들의 훈련은 본능이라는 한계에 금세 갇히고 만다. 인간은 자신의 자아실현을 방해하는 현실에 저항하며 인생이라는 작품을 완성하고 창조해갈 줄 아는 대표적인 동물이다.

한 인간의 일관성

이같은 생각은 나로 하여금 예술 창작으로 관심을 돌리게 한다. 그리하여 문제는 다시 조화로 돌아온다. 조화는 다소 모순되는 다양성들이 균형을 이룬 결과다. 하나의 오케스트라에 부조화스러운 음색이 합류하여 결국 기막힌 앙상블을 이뤄내는 것과도 같다. 그러나 균형이 첫째 조건은 아니다. 가장 중요한 조건은 다양성이다. 다양성은 곧 대립이다. 그러나 대립관계에 있는 것들도 조화를 이룰 수 있다. 대립을 넘어서면 경이로우면서도 각자가 금방 납득할 수 있는 전개방식이 만들어진다.

이러한 원리는 한 인간을 관통하는 일관성에도 마찬가지로 적용된다. 인간은 다양한 열정과 모순되는 여러 가지 충동들 속에서 성장하고 단련된다. 나는 인간이란 내적, 외적 반대에 끊임없이 부딪히면서도, 그 모든 것이 조화를 이루는 지점에서 대립되는 것들로부터 하나의 작품을 완성할 수 있는 존재라고 생각한다.

스스로를 포기하지 않으면서. 그리고 서로를 파괴하려는 요소보다 더 강한 것을 자신에게서 찾아나가면서. 그런 의미에서 철학은 인간에게 주어진 하나의 가능성이다. 어떤 의미에서 철학은 행동을 포기하는 것이기 때문이다. 그러나 현명함 속으로 피신하는 것은 세상을 바꾸는 게 아니다.

철학은 관찰한다. 세상이 왜 잘 혹은 잘못 돌아가는지를 이해하기 위해 이리저리 해답을 찾는다. 때때로 철학은 세상이 다른 방식으로 돌아가는 방법에 대한 몇 가지 생각들을 찾아내기도 한다. 그러나 철학은 거리를 두고 겸손하게 그 자리에 있을 뿐이다. 반면 예술은 주장한다. 다원적이고 복잡하고 대립적이고 충돌하며, 심지어는 진퇴양난의 덫에 빠진 현실을 인식하고자 한다. 이러한 현실에서 탈출하려면 영혼과 함께 진동하는 또다른 현실을 만들어내야 한다. 바로 이렇게 구축된 또다른 현실 속에서만 존재들은 서로 관계를 맺을 수 있다.

그러나 여기서 영혼이라는 것은 대체 무엇인가? 나에게 영혼이라는 것은 내 눈에서 흘러내리는 눈물이다. 그것은 전 인류의 눈이며, 눈물 흘리지 않고는 암송할 수 없는 시들이기도 하다. 바로 여기서 나는 예술의 감동을 재발견한다. 예를 들어 아폴론 반신상은 릴케에게 매우 강력한 감동을 주었고, 릴케는 그 절단으로부터 일종의 힘이 나온다고 말했다.

우리에겐 해결되지 않은 많은 문제들이 여전히 남아 있다. 우리가 우리의 용기를 충분히 신뢰할 수 있는지 아는 것 또한 중요한 문제 중 하나이다. 내가 보기에 문제의 핵심은 바로 이것이다. 방관하지 않는 것만으로는 충분치 않다. 우리를 기다리고 있는 어려움들은 극복할 수 없는 것이 아니며 우리에겐 충분히 사용하지 않은 에너지가 아직 남아 있다는 사실을, 아직은 너무 멀게만 보이는 가치들에 대한 열망이 우리 안에 들끓고 있음을 스스로에게 각인시켜야 한다. 만일 우리가 불가능을 가능이라고 여긴다면, 그곳에 다다를 수 있다고 믿고 충분한 힘이 있다고 느낀다면 우리는 조화를 이룰 수 있다.

그러나 현재로서는 많은 인간관계들이 좋지 않게 끝난다는 사실을 인정할 필요가 있다. 남자, 여자, 아이들, 할아버지, 손자손녀들이 언제나 서로 잘 통하는 것은 아니다. 사람들과의 갈등을 뛰어넘고 이해와 측은지심을 가지도록 스스로를 고무하는 방법을 찾기 위해서는 대단한 노력이 요구된다. 주식투자에 쏟아붓는 것과 같은 열정으로 아름다운 가치들에 투자해야 한다. 어쩌면 그렇게 하는 것이 장기적인 관점에서는 더 수지맞는 장사일지 모른다!

　사랑의 열정에 투자하는 것은 멋진 일이다. 위대한 사랑이 선사하는 도약을 경험해본 사람이라면 내가 무슨 말을 하는지 알 것이다. 그 사랑이 반드시 서로 주고받은 것은 아닐지라도. 고백하건대 나는 서로 주고받는 사랑을 종종 의심한다. 나는 그것이 열정을 품기 위한 수단이라고 자주 생각한다. 그게 아니라면 첫눈에 상대에게서 이상적인 모습을 발견하는 경우는 어떻게 설명한단 말인가? 바로 이런 이유 때문에 진정한 훈련이 필요하다. 이 대목에서 페터 슬로터다이크의 최근 저서를 통해 새롭게 발견한 '고행'의 개념을 언급하겠다. 나는 '고행ascèse'이라는 단어의 뜻을 찾기 위해 사전을 펼쳤다. 고행은 우리 앞에 놓인 행동의 한계를 멀리 밀어내는 훈련이다. 나는 고행이 극복할 수 있는 존재로서의 인간을 이해하기 위한 좋은 방법이라고 생각한다. 게다가 이 용어는 고대 육상선수들의 용어로부터 유래했다. 초기에 이것은 훈련을 의미하는 단어였다. 사실 훈련이라는 단어는 언뜻 생각할 때 자연스럽지 않다. 이와 관련하여 슬로터다이크는 고대 스포츠는 일종의 퍼포먼스였으므로, 그것을 관람하는 사람들에게도 의미가 없는 것은 아니라고 말하기도 했다. 관객들은 방금 관람한 것을 자신이 따라할 수 없으리라는 것을 잘 알지만 생생한 자극을 받는다. 곡예와 육상에는 청중이 즉시 간파해내는 인류학적인 무게가 있다. 그것들을 통해 인간이 노력하면 자신의 한계를 넘어설 수 있다는 것을 알게 되기 때문이다.

오늘날 우리는 한 사회의 모범적인 인물들에게서 위기를 발견한다. 프로스포츠 선수들이 돈과 결탁하고, 미술 관련 종사자들이 속임수를 저지른다. 또다른 영역들에도 타락이 존재한다. 그러나 모범이라는 건 어느 정도 손상되지 않은 것이어야 한다. 이러한 모범을 통해 예술과 기술이 전달되기 때문이다. 이 전달 체계는 아직 그런대로 기능하고 있지만, 모범이 되는 존재들의 위상은 점점 불안정해지고 손상되어버렸다. 이것이 사람들을 낙심하게 한다. 사람들은 가치의 방향을 어디로 잡아야 할지 알지 못한다.

이 부분에서 나는 슬로터다이크와 똑같은 걱정을 하고 있다. 특히 정치지도자들의 문제는 해가 갈수록 더욱 심각해지고 있다. 다가오는 2012년 대선의 행보도 내 걱정을 덜어주진 못한다. 오히려 그 반대다. 모범의 위기는 곧 윤리의 문제다.

꿈의 윤리

에드가 모랭의 『방법』 마지막 권에는 '윤리'라는 제목이 달려 있다. 윤리, 얼마나 멋진 말인가…… 그러나 마술 같은 말들이 모두 그러하듯, 이 단어도 숨은 뜻을 가지고 있다. 그러므로 우리는 이 단어를 조심스럽게 다뤄야 한다. 아리스토텔레스에게로 돌아가보자. 윤리와 도덕은 분명 구별되는 개념이다. 내가 보기에 도덕은 일정한 시기에 존재하는 이러저러한 사회에서 받아들여진 규범이다. 어떻게 행동해야 하는지를 가리키는 일종의 행동규약이다. 도덕을 정의하는 주체는 사회다. 그러므로 약간의 공격성을 가지고 권위적으로, 혹은 부르주아의 도덕 또는 사회순응적 도덕의 잣대를 가지고 심판하는 태도로 말하는 경우가 있다. 그러나 윤리는 다르다. 쉽게 말해 도덕은 공적인 것이고 윤리는 개인적인 것이다.

윤리는 주어진 상황과 관련하여 정의된다. 이것은 일정한 순간에 행한 일정한 행동과 관련된 것이다. 플라톤의 『공화국』에서도 '정의'라는 형식으로 윤리와 비슷한 개념을 발견할 수 있고, 힌두교의 개념 '다르마'*에서도 비슷한 개념을 발견할 수 있다. 행동 자

---

* Dharma, 전 우주에 영향을 미치는 진리와 법칙.

체가 하나의 진실을 지니고 있고, 정의는 본성과 주어진 상황에 따라 그 상황에 반응하여 행동한 사람에 따라 결정된다.

다시 말해 윤리는 우리의 현실적인 반응에 근거한다. 이 반응들은 개인의 이익에 따라 달라질 수 있다. 이는 전형적인 방식이며 충분히 이해 가능한 일이다. 우리는 우리가 선호하는 이익에 따라, 혹은 이익의 양적인 조건에 따라 반응하는 것이다. 몽테스키외의 멋진 생각들이 담긴 『법의 정신』을 보면 인류 전체의 보편적 이익이 개인과 집단의 이익에 선행해야 한다는 이야기가 나온다. 나는 인류 전체가 공유하는 상위의 이익이 분명히 존재한다는 생각에 동의하며, 전 지구적 차원에서 유익한 것과 해로운 것이 실질적으로 있다고 믿는다. 세계 보편의 가치에 대한 생각은 이런 전제하에서 구축되어야 한다.

공포의 시간으로부터 탈출한 후 내가 만난 최고의 행운은 인류 전체에 바쳐진 보편적 가치에 대한 자료(세계인권선언문)를 기술하는 모임에 참여했던 것이다. 나는 이 선언문이 모든 이들에게 받아들여질 수 있도록 단순하고 명료하게 기술하려고 노력했다. 이런 경험 덕분에 나는 인류사회에는 아름다운 미래가 있다는 흔들리지 않는 확신을 갖게 되었다.

12명의 선언문 작성자들은 이 선언문이 담고 있는 다양한 자유와 권리에 동의하느라 1945년부터 1948년까지 3년이라는 시간을 보냈다. 특히 국제 문서 역사에서 유일한, '인류 보편성'이라는 공식 인가를 이 선언문에 부여하는 데 많은 시간이 필요했다. 따라서 이 선언문은 동양에 대한 약간의 존중심을 품은 채, 전적으로 서구 사회의 민주적, 도덕적 가치에 기초해 만든 문장들이 결코 아니다. 우리의 야망은 그보다 훨씬 더 컸다. 세계인권선언문에서 다룬 문제는 보편적 윤리에 관한 것이었다.

여기에 내 낙관주의의 토대가 있다. 나는 인류의 진보를 믿는다. 그 과정에서 진보하는 것과 퇴보하는 것, 집단의 압박과 개인의 돌파 사이에 심한 모순들이 뒤엉킬지라도.

나는 데카르트식 합리주의자이고, 그리스와 독일 철학으로 빚어져 있으며, 투쟁적인 동시에 합리적인 서양 사람이다. 그리고 불교에 대한 진지한 호기심을 가지고 있다. 우선 불교는 유일신을 주장하지 않기 때문이다. 나는 유일신주의에 악착같이 반대한다. 사람들이 나에게 신 없이 어떻게 살아가느냐고 물으면, 나는 선동가 특유의 오만한 몸짓을 하면서 혼자서 다 잘해낸다고 대답한다. 내가 불교 신자들을 좋아하는 이유는 몸과 정신이 연결된 그들만의 훈련을 통해 깨어 있는 인식을 얻기 때문이다. 나는 불교 신자들을 보면서(꼭 불교 신자가 되지는 않더라도 그들처럼 사고하면서) 세상 사람들이 만장일치로 동의할 수 있는 보편적 가치들을 통해 자신에게 닥친 중대한 문제들의 해답을 찾아볼 수 있다고 생각하게 되었다. 아직 권력을 갖지 않은 사람, 충분한 재정적 능력을 아직 소유하지 못한 사람, 그러나 조금씩 영향력을 갖기 시작한 사람들이 공유하는 가치, 거기서 해답을 찾는 것이다.

사람들이 현실주의적 입장에서 나에게 반대하고 나를 철없는 이상주의자로 취급할 때면, 나는 내가 느끼는 당혹스러움을 고백한다. 물론 이것은 내가 쉽게 답할 수 있는 반론이 아니다. 현실은 우리가 모든 확신과 희망을 잃을 만큼 충분히 맥빠지기 때문이다. 그러나 바로 이럴 때 나이를 많이 먹었다는 사실이 매우 쓸 만한 일로 느껴지곤 한다. 나는 내가 살아온 그 긴 세월의 힘을 통해 세상에서 일어나는 현상에 거리를 두고 이렇게 말할 수 있는 것이다. 나는 이보다 더 심한 일도 겪었고, 그 힘든 일들 속에서 언제나 해결방법을 찾아냈다고. 예를 들면 유럽연합처럼. 유럽연합과 유럽의회의 결성은 어느 정도 정직한 정치 비판자들에겐 이미 반복되는 지겨운 주제가 되었다. 그러나 생각해보면 1957년부터, 특히 1989년부터 모든 유럽인들(발칸 반도 주민을 제외하고)과 대부분의 러시아인들은 비교적 평화롭게 지내고 있다. 18, 19, 20세기의 역사 속에 우리가 겪어온 것과 비교하면 진전된 것이 없다고 말하기는 불가능하다.

나이가 들면 적어도 넓은 시야를 갖게 된다. 늙은이들은 그들이 이미 극복해낸 모든 장애물들을 생각하면서 그와 비교해 지금 잘 가고 있는지 아니면 잘못 가고 있는지 이야기할 수 있다. 이 역동성이 중단되어야 할 논리적 이유는 전혀 없다. 결과적으로 히로시마와 아우슈비츠가 있었고, 코펜하겐에서의 실패 혹은 칸쿤에서의 절반의 실패는 심각하다. 분명 실망스럽다. 그러나 이 모든 것은 우리에게 약간의 희망을 준다.

왜냐하면 적어도 우리는 이것이 왜 심각하며, 어떻게 변할 수 있는지 잘 알기 때문이다. 다시 '윤리'로 말머리를 돌려보자. 만일 우리가 스스로 존중하는 가치의 중요성을 인식한다면, 우리는 이 세상 모든 사람들과 점점 더 많은 접촉을 하고 있으므로 다른 사람에게 영향을 미칠 수 있다고 생각할 것이다. 절망은 우리에게 허락되지 않았다. 그러나 언제나 당연히 경계선이 있고, 이 경계선들은 서로를 넘어서기 위해 존재하며, 서로가 오고가게 하는 장소가 되어야 한다. 만약 많은 경계선들이 그만한 수의 문이 된다면, 어쩌면 우리는 그 문들을 통해 정의와 관용 같은 가치들을 전파하고, 그를 통해 시급한 일들에 대해 합의하는 '인간사회 공동체'에 다다를 것이다. 그리고 이 모든 것은 함께 이루어질 것이다. 왜냐하면 이 공동체의 구성원인 개개인은 인간이 지구에서 생존하는 문제는 이러한 합의에 달려 있으며, 그로써 삶이 더 아름다워질 거라는 사실을 보편적인 진리로 인정할 것이기 때문이다. 이것은 꿈속의 유토피아일까? 어쩌면 그럴지도 모른다……

그러나 언젠가는 에로스가 타나토스를 이길 날이 오리라고 믿을 수 있지 않을까?

참여하는 법을
배우자

히페리온의 운명의 노래

프리드리히 횔덜린

그대들, 축복받은 수호신들이여,

　　부드러운 땅을 밟으며 저 위의 빛 속을 거닐고 있다!

　　　눈부신 천상의 숨결은

　　　　연주자의 손가락이

　　　　　거룩한 현을 건드리듯

　　　　　　살며시 그대들을 어루만진다.

천상의 존재들은 운명과 무관하게

　　잠든 젖먹이처럼 숨쉬고 있다.

　　　그들의 정신은

　　　　수줍은 꽃봉오리 속에

　　　　　순결하게 안겨 있다가

　　　　　　끊임없이 피어나고 있다.

　　　　　　　그 축복받은 눈동자들은

고요의 영원한 빛 속에서

반짝인다.

그러나 우리네 인간들이

안식을 누릴 곳 어디에도 없고

다만 사라져갈 뿐이다.

고뇌하는 슬픈 인간들은

눈먼 채 시간의 나락으로

추락한다.

절벽에서 절벽으로

내동댕이쳐진 폭포수처럼

마냥 불확실한 곳으로 떨어질 뿐이다.

지도자의 핵심

정치에 참여한다는 것은 자연스러운 일은 아니다. 정치참여로부터 멀리 떨어져 자유롭게 지내는 것, 개인의 삶을 뒤죽박죽으로 섞어놓는 것으로부터 스스로를 보호하며 삶을 잘 지켜가려고 애쓰는 것이 대부분의 사람들이 사는 방식이다. 불신을 가진 채 때로는 경멸, 때로는 분노로 이글거리는 마음으로 정당이나 국가기구, 국제기구들을 바라보노라면, 이러한 경향이 유지되는 이유는 분명해진다. 이런 일반적인 삶의 방식으로부터 벗어나는 것은 역사에 대한 명확한 인식에서 일궈진 사고를 통해서만, 그 역사를 겪어온 사람들의 증언을 통해서만 가능해진다.

우리 늙은이들이 여러분에게 참여하라고 요구할 때, 나는 우선 우리 사회의 작동방식을 통해 이루어진 변화들 가운데, 시민들의 크고 작은 참여 없이 얻어진 것은 단 하나도 없다는 사실을 설명하고 싶다.

때로는 용기 있고 총명한 한 사람이 우리가 모든 것을 잃어버리지는 않았다는 사실을 자각하는 것으로 충분할 수도 있다. 영국 플랜태저넷 왕가에 넘어간 프랑스를 구하기 위해 잔 다르크가 나섰고, 나치의 손아귀에 넘어간 유럽을 구하기 위해 드골이 나섰던 것처럼.

그러나 흔히 볼 수 있는 경우는 다양한 의지를 가진 그룹들이 하나의 점으로 모여드는 현상이다. 이들이 진보를 일궈낸다. 어떤 그룹들은 다른 그룹들보다 더 잘 조직되어 있다. 지금 여러분에게 가장 신뢰를 주는 집단을 찾아라. 그리고 그들에게 당신의 에너지와 역동성을 보태라. 그렇게 해서 한탄스러운 현재의 상태를 뒤흔들어놓는 데 힘을 더하라.

아민 말루프는 그의 흥미진진한 에세이 『세상의 일탈』[16]에서 여러 가지 정치체제(전제정치, 독재정치 혹은 민주주의, 자유주의 등) 속에서 '길을 잃은 정당성' 문제에 대해 매우 설득력 있는 이야기를 들려주고 있다. 나는 정당성이라는 것이 전혀 자연스럽지 않은 것이라고 생각한다. 정당성은 그에 관련된 사람에 따라, 그리고 그것이 생성된 시절의 역사적 조건에 따라 유지되기도 하고 파괴되기도 하는 것이다.

현대 권력의 열쇠는 바로 이 정당성 문제 안에 들어 있다. 이 정당성은 권력과 공포, 부와 영향력 혹은 법과 민주주의를 기반으로 하는 정부 안에 자리잡고 있다. 각각의 정치체제는 그 역사적, 사회적 조건들이 허락하는 형태로 권력의 정당성을 탄생시킨다. 민주주의는 긴 여정이며, 우리의 정치체제는 완결판에 이르기엔 아직 멀었다.

정당성이 고갈되면 근심이 소리 없이 확산된다. 이 근심은 저항의 형태로 해석되고, 오늘의 아랍세계와 관련해 말하자면, 그것은 건강하며 자유를 갈망하는 저항이다. 그러나 이쪽 동네(유럽)의 저항은 종종 포퓰리스트적인 경향을 띤 쓰디쓴 저항이다. 오늘날 우리가 따라야 할 기준을 잃어버린 데서 오는 상실감을 느낀다면, 그것은 우리를 이끌어줄 지도자를 갖지 못한 데서 오는 상실감과 관련 있다고 나는 생각한다.

부디 내 감탄이 반복되는 것을 이해해주기 바란다. 하지만 나는 권력에 비판적이고 자유로우며, 정치적 명성이나 직위 따위에 저항하는 내 친구에게 다시 한번 찬사를 바치고 싶다. 여러분이 이미 알다시피, 나는 내 친구 다니엘 컨벤디를 대단히 높이 평가한다. 그는 중요한 순간에, 소위 '역사적인' 순간에 적확한 말과 슬로건들을 찾아낼 줄 알았다. 지도자란, 사람들이 자신의 말을 들을 준비가 되어 있을 때, 모든 사람들이 처해 있는 시대의 의미를 밝혀

줄 줄 아는 사람이다. 앵글로색슨족들이 말하듯 의미가 통해야 한다. 즉 근본적인 질문들을 던지고, 거기에 해답이 되는 요소를 제시해야 한다. 그러나 그것이 잘못된 판단이거나 일시적인 판단일 가능성을 배제할 수는 없다. 어떤 선택을 할 때, 그 선택을 하는 순간에는 제대로 된 것처럼 보이지만, 시간이 흐른 뒤엔 생각했던 것보다 더 나쁜 판단이었다는 사실이 밝혀지는 경우가 종종 있다. 그 예로 우리는 장기적 차원에서는 실제로 아무것도 해결하지 못한 데이턴 평화협정 체결에 모두 박수를 보냈고, 보스니아 민족 분리도 승인했던 것이다…… 그러나 결국 학살을 가로막아야만 했다!

이것이 의미하는 바는, 오류가 있든 없든 지도자에게 가장 중요한 덕목은 선택의 갈림길에 섰을 때, 나아갈 길을 명확히 진단하는 능력이며 목적지를 가리키는 능력이라는 사실이다. "이렇게 가야 한다. 바로 이쪽을 향해." 이마누엘 칸트가 사람들에게는 지도자가 필요하다고 단언했을 때, 사람들이 독립성도 비판정신도 없는 송아지나 양 같은 존재들임을 의미한 것은 아니었다. 단지 정치권력이 가진 모순을 우리에게 상기시켰을 뿐이다. 정치권력에 영감을 제공하는 보편적 가치와 각 개인들의 이기주의적 경향 사이의 긴장감 속에 놓인 정당한 권력의 모순에 대해. 그리고 모든 지도자들이 지니는 근본적인 책무에 대해서도. 그 책무는 바로 해방이다. 정치에서뿐만 아니라 학교에서도.

우리가 살고 있는 이 보잘것없는 시대는 존재의 궁극적인 목적과 그에 따르는 쟁점들에 대한 진정한 토론보다는 개인적인 이해관계가 얽힌 사소한 분쟁을 더 많이 만들어낸다. 『끝없는 결집』[17]에서 슬로터다이크는 우리 시대 정치권의 인물들에 대해 다음과 같은 매우 엄격한 판단을 내린다. "마지막 분석에 이르면 이러저러한 정치인들이 지도자로서 자질을 가지고 있는지 아닌지를 아는 것이 전혀 중요하지 않아진다." 그가 어떤 정당에 속해 있는지, 그가 자본가들의 이해보다 봉급생활자들의 이해에 더 큰 관심을 가지고 있는지, 그가 성직자들과 함께 선한 뜻을 가진 사람들과 가치를 공유하는 공동체를 발전시키고 있는지, 아니면 뉴욕에 있는 호텔 앞에서 창녀들을 거느리고 자신의 지갑을 채우기 위해 애쓰고 있는지 등등. 이러한 것들은 경미한 죄이거나 부차적인 덕목이다. 정치인들을 판단할 때 중요한 것은 그들이 우리 앞에 닥친 문제들에 대해 선도적인 의식을 가지고 그것을 잘 활용할 줄 아는지 파악하는 것이다.

다니엘 컨벤디 같은 사람은 항상 목적지를 제대로 가리킬 줄 알고, 이성적인 낙관주의를 가지고 길을 제시하며, 상황에 정확하게 맞아떨어지는 말들을 찾아낼 줄 알았다. 그의 명석함은 뭔가가 제대로 맞물려 돌아가지 않을 때, 그것을 금방 알아보게 한다. 나와 마찬가지로 그는 오늘날 유럽의 상황이 건강하지 못하게 돌아가는 경향에 대해 걱정하고 있다. 그러나 그는 포기하지 않고 이렇게 말한다. "만약 일이 제대로 돌아가지 않는다면, 이렇게 바꿈으로써 좀더 나은 결과를 가져올 수 있다……" 이것은 우리 모두를 함께 모이게 하는 불확실한 미래, 폭발하고 유예되는 미래에 대한 낙관적인 도박이며 정치참여의 한 형태이다.

그는 우리 각자가 참여했던 정치참여의 역사적 조건은 명확히 달랐다고 겸손하게 말할 것이다. 물론 1940년 6월의 상황과 1968년 5월의 상황은 비교 대상이 아닐지 모른다. 그러나 우리가 처한 역사적 시점에 차이가 있다고 해도 역사에서 정치참여가 지니는 의미는 조금도 퇴색되지 않는다.

대의의 힘으로—역사의 변혁 속에서 세상에 존재하기

나는 주변 사람들을 잃는 최악의 경험을 한 바 있다. 부헨발트 수용소에 도착했을 때 우리는 모두 36명이었다. 그 36명 가운데 16명은 교수형에 처해졌고, 14명은 총살당했다. 살아남은 사람은 3명뿐이었다. 나는 절망을 느끼지는 않았다. 그것은 적절한 표현이 아니다. 나는 내 눈앞에서 펼쳐진 그 모든 일들, 경악스럽고 참을 수 없는 모든 일들로 인해 완전히 좌절감에 빠져 있었다. 그래서 나는 제대로 돌아가지 않는 모든 것을 향해 분노로 맞서고자 했다. '분노'야말로 삶에서 무엇을 해야 할지 묻는(이것은 삶에서 가장 핵심적인 질문이기도 하다) 모든 이들에게 내가 전해주어야 할 메시지라고 느꼈다. 인간의 삶은 분명 뭔가 유용한 일에 쓰여야 하지 않을까. 그리고 삶은 사랑, 시, 상상 등 아주 많은 유쾌한 일들에 쓰일 수 있지 않을까.

많은 이들이 세계인권선언에 대해 강연해달라며 나를 중고등학교에 초청했다. 내가 세계인권선언문의 초안을 작성하는 데 중추적 역할을 했기 때문이다. 그러나 한편으로 이 이야기는 다소 과장된 이야기이기도 하다. 나는 오르세에서 치른 시험에 막 통과하여 유엔에 채용된 새파란 외교관이었을 뿐이다. 당시 나는 르네 카생, 엘리너 루스벨트, 찰스 말리크 같은 중요한 인물들과 나란히 앉아 그 선언문을 작성하는 데 참여했다. 나는 그 자리에서 인류의 보편적 가치들이 형성되는 과정을 직접 겪었다. 나는 그 일로부터 아주 멋진 도덕적, 지적 은혜를 입었다. 우리 모두가 필요로 하는 근본적 자유, 시민의 경제적 사회적 권리에 대한 사유에 동참한다는 것은 분명 중요한 몇 가지의 바탕을 마련해준다! 이런 가치들과 세상 곳곳에 산재하며 자신의 나라에도 분명히 존재할(어떤 나라도 피할 수 없는) 훼손된 가치에 대해 인식하지 못하는 젊은이는 삶에서 누릴 수 있는 행복의 중요한 부분을 잃은 거라고 나는 본다.

우리는 사회참여를 할 때, 삶의 행복을 누린다. 나는 그렇게 믿는다.

그 어떤 참여도 하지 않고, 홀로 자신의 삶을 살아가는 것은 과연 가능할까? 앙가주망은 역사에 대한 반응의 한 형태이다. 에밀졸라는 국가의 명예를 위해 결백한 자를 희생시키길 거부했고, 일단의 프랑스인들이 1940년 6월 장 물랭과 함께 처음 런던에 있는 레지스탕스 본부에 합류했으며, 게레메크*는 1980년 바웬사**가 남아달라고 요청하자 폴란드 그단스크에 남았다. 그러나 사회참여를 하기 위해서는 자주 자신을 잊어야 하고, 아주 많은 경우 평화로운 영혼과 잠시 결별해야 하며, 개인적인 자유뿐 아니라 고통, 심지어는 죽음까지도 마음대로 선택할 수 없게 된다.

나 역시 정치참여로부터 도피하려는 시도를 한 적이 있다. 레지스탕스 활동과 수용소 생활이 끝나자 유엔 창설의 소용돌이가 일었다. 5년간 젊은 외교관으로서 유엔에서 일한 뒤의 일이었다. 건강, 노동, 난민, 교육, 과학, 문화를 위한 국제기구를 만드는 황홀한 시절을 보낸 나는 잊을 수 없는 그 행복한 경험들에도 불구하고 내 삶을 바꾸고 싶었다. 나를 포화 상태로 만들어버린 뉴욕을 떠나

---

* Bronislaw Geremek(1932~2008), 폴란드의 역사학자, 정치가.
** Lech Walesa(1943~), 폴란드의 노동운동가, 정치가. 그단스크에 있는 레닌조선소 전기공으로 일하다 공산 폴란드 최초의 자유노조를 결성했다. 1983년 노벨평화상을 수상했고, 1990년 폴란드 초대 직선 대통령이 되었다.

프랑스로 돌아가고 싶었다. 나는 작가인 내 부모의 삶의 궤적을 따라가는 상상을 했다. 글쓰기를 시도했다. 펜을 들고 '실천의지의 사회'라는 제목의 원고를 써내려갔다. 이 원고는 세상을 변혁시키는 대단한 걸작이 될 거라고 상상하면서.

그런 상태가 3개월 동안 계속되었다. 그러나 시간이 흐르자 내가 쓴 글이 아무런 가치도 없으며, 돌아가서 다시 유엔과 관계를 맺고 새롭게 일을 시작하는 편이 낫다는 사실을 인식하게 되었다. 이러한 생각은 결국 피에르 망데스 프랑스와 함께 다시 일하는 것으로 매듭지어졌고, 특히 인도네시아와 관련된 문제(인도네시아 전쟁이 벌어지던 시절이었다)에서 내 역할을 되찾을 수 있었다.

이후 나는 어려운 시련 이후에 우리를 사로잡곤 하는 뒤로 물러서고픈 욕망, 오로지 내 개인적인 욕구에만 충실하고픈 욕망에 다시 사로잡힌 적이 없다. 글쓰기를 계속하지 않은 건(나는 이 글의 전반부를 다시 손볼 수도 있다) 내가 수필가나 작가가 되기 위해 태어난 건 아니라고 느꼈기 때문이다. 나는 다시 일상으로 돌아갔다. 장관에게 제출할 보고서를 작성하고 제출했다. 이렇게 말하면서. "이제부터는 이렇게 하는 것이 불가피할 것 같습니다……" 장관은 아주 친절한 표정으로 내 보고서를 읽었다. 때때로 이런 칭찬도 곁들였다. "당신의 보고서는 아주 흥미롭군요. 이 보고서를 오른쪽 서랍이 아니라 왼쪽 서랍에 넣어두겠소."(물론 그는 서랍에 넣어둔

보고서를 다시 읽는 일이 결코 없었다).

그때부터 나는 외교관에서 인권과 정의를 수호하는 운동가로 변신한다. 그것은 내게 외교관의 정치적 사명에서 사회 속 정치참여로의 전환이었다. 그때 이후 나는 거의 모든 사람들이 나이를 많이 먹으면 다다르게 되는 순간에 이르렀다. 경력이나 직위 따위에 종속되지 않는 자유를 갖게 된 것이다. 내가 외교관으로서 마지막으로 프랑스를 대표해 일했던 것은 1993년 빈에서 열린 인권에 관한 회의에서였다. 당시 발칸 반도에서는 한창 전쟁(보스니아 내전)이 벌어지고 있었다. 아주 끔찍한 상황이었다. 공식적인 프랑스 대표로서 마지막으로 활동한 후, 나는 더이상 프랑스가 아니라 나 자신만을 대표하게 되었고, 그러자 내 에너지를 대의를 위해 온전히 쓸 수 있게 되었다.

모든 관계를 고려해보건대, 나는 사르트르로부터 정신적 유산을 물려받은 사람이라 할 수 있다. 내가 사르트르에게서 가장 마음에 들어하는 점은 그가 어느 순간부터 '좋은' 대의와 '나쁜' 대의 사이의 미세한 구분을 더이상 하지 않았다는 것이다. 대의명분이 있다면 수호해야 한다. 이제는 종종 사르트르와 같은 방식의 사고에 몰입하는 나를 발견한다.

사람에게는 자신의 미래를 책임지는
세 가지 방식이 있다

실패한 나의 작가 체험으로 잠시 다시 돌아가보자. 당시 나는 32세였다. 유엔의 일자리를 그만둔 직후였다. 3개월의 평온한 시간이 내 앞에 있었고, 나는 그때 글을 써야 한다고 생각했다. 내가 그때까지 유엔에서 쌓은 경험은 세상의 모든 민족과 모든 국가에 열려 있는 것처럼 보였다. 그것은 루스벨트가 원했던 것이기도 했다. 모든 사람을 대변하는 하나의 진정하고 거대한 조직. 반면 내 목표는 이 세계시민사회가 어떻게 될 것인가를 고민하는 것이었다.

사람에게는 자신의 미래를 책임지는 세 가지 방식이 있다. 다시 말해 슬로터다이크가 『네 삶을 바꿔야 한다』에서 말한 '인간적 경험', 즉 '스스로 인간을 만들어내는 경험'을 하는 것이다. 그 시절 나는 세 가지 형태의 욕구를 인식하면서 매우 실용적인 하나의 공식을 만들어냈다. '무언가로 존재하고자 하는 욕구, 무엇을 소유하고자 하는 욕구, 그리고 무엇을 하고자 하는 욕구.' 무언가로 존재하고자 하는 욕구는 내 판단에는 '존재하기' 위해 귀족이 되어야만 했던 과거 오랜 기간의 욕구에 해당한다. 과거에는 출신과 조상이 존재의 핵심을 정의했다. 그러나 그 기간은 프랑스혁명과 함께 마감되었다. 이윽고 모든 것이 소유를 통해 요약되는 부르주아의 시대가 온다. "나는 무언가를 소유하고 있으므로 중요한 사람이다."
집, 직업, 아내, 돈, 자산 등…… 그러나 이러한 접근 또한 1929년
의 세계대공황과 함께 한계를 맞이했다. 그리하여 나는 뭔가 다른
새로운 것을 찾아내야 한다고 생각했다. 그리고 난 이 새로운 시대
를 '행동하고자 하는 사회'라고 불렀다. 어느 순간에 이르러 사람
들은 스스로의 한계를 뛰어넘기 위해 존재하고, 그들의 행동을 통
해 스스로의 존재를 구축하는 새로운 틀을 만들기 시작했다. 그리
고 자연히 그들이 무언가를 창조할 수 있게 되면, 예컨대 그들이
예술가가 되면 그들은 예술작업을 할 수 있는 곳으로 갔고, 이내
그것이 가장 중요한 것이 되었다.

나는 아무 가치도 없는 이러한 내용을 100쪽가량 적어나갔고,
즉시 쓰레기통에 처넣었다. 그러나 그때 이후로 나는 그 사고를 끊
임없이 되새김질했다. 그럼에도 불구하고 이 세계시민사회를 통
해, 우리가 건설하는 새로운 사회의 핵심과 본질을 이해할 수 있어
야 한다고 나는 줄기차게 믿어왔다. 현상은 매우 복합적이다. 이
런 현상에 대해 헤겔식 변증법으로 해석할 수도 있을 것이다. 그리
하여 우리는 한 개인에서 인류 전체로, 지역에서 국가로, 국가에서
세계로 모든 현상들을 해석할 수 있다.

오늘날 우리가 살고 있는 사회의 톱니바퀴 속에는 한줌의 모래
가 들어 있다. 우리는 이 방해물로 인해 그 안에 꼭꼭 갇혀버렸다.

이것을 제거할 수 있는 유일한 사람은 시민들이다. 정치권력과 경제권력 그리고 시민이라는 세 개의 축이 그럭저럭 균형을 이루는 삼각구도 안에서 정부도, 경제권력도 풀지 못한 방정식을 풀 근원적 열쇠를 쥐고 있는 것은 시민들이다. 시민들이 정치권력의 포로가 되고 정치권력은 경제권력의 노예가 되어버린 상황에서도 시민은 현실적으로 유일한 지렛대이며 시스템의 중심이다. 시민들만이 자신들의 기질에 따라 투쟁에 나설 수가 있다. 그들이 자신들에게 가해진 정치권력, 경제권력의 억압에 반응하는 것만으로도, 자신들이 지닌 권력을 새롭게 인식하는 것만으로도 공공투쟁의 근본 토대를 재구축하기에 충분하다. 이들은 라 보에티*가 말한 것처럼 스스로가 원해서 자신을 지배하는 권력에 복종한다는 것을 잘 알고 있다. '자신의 복종이 자발적이라는 것'을 잘 안다. 이후 가능해지는 이성적 추론의 방법은 매우 간단하다. 시민을 상위에 놓기 위해 이 삼각구도를 전복시킨다. 시민들에게 적용되는 권력이 그들 자신을 위해 쓰이도록 노력한다. 바로 이런 이성적 추론이 나로 하여금 오래된 개념인 '분노'에 새로운 의미를 부여하게 만든 것이다.

영광스럽게도 슬로터다이크는 성공을 거둔 내 작은 책『분노하라』를 역사에 대한 자신의 독창적 비전을 발전시키는 데 사용했다.

---

* Étienne de La Boétie(1530~1563), 프랑스의 법률가, 철학자. 18세에 프랑스의 운동과 혁명에 지대한 영향을 끼친 책『자발적 복종Discours de la servitude volontaire』을 썼다.

그는 분노의 기원이 시민들이 조국에 대해 진정으로 실망하기 시작한 시절로 거슬러올라간다고 본다. 그에 따르면, 심지어 철학 자체가 분노와 실망에서 탄생했다고 말할 수 있다는 것이다. 스파르타와 아테네 사이에 30년간 펠로폰네소스전쟁이 벌어지고 나서, 아테네 시민들은 그들 고유의 정치공동체에 대한 신뢰를 잃게 되었던 것이다. 이런 움직임을 통해 철학은 그토록 거칠게 행복과 정의, 평화에 대한 약속을 저버린 정치공동체와 함께 정신적 이탈을 실행하게 된다. 이때부터 유럽 사상의 역사는 2천 년도 넘게 오랜 실망의 역사가 이어졌다. 결국 분노, 그리고 분노하라는 권고는 상스러운, 즉 '고결하지 못한' 공동체에 속했다는 불만스러운 실망의 감정에 기초하는 것이다. 분노한다는 것은 '금지를 되찾겠다'는 개념을 포함하고 있기 때문이다. 존엄성이라는 개념이 '분노'의 뿌리인 셈이다. 분노하는 자는 자신이 존엄성을 잃어버렸다는 것을 의식하는 자이기 때문이다. 분노라는 행위는 기억을 재정립시킨다.

그러나 분노는 훨씬 더 멀리까지 나아간다. 원한, 화 같은 비교적 고결하지 못한 일차적 동기에서 투쟁, 정치참여 같은 고결한 행위로까지 나아간다. 이렇듯 분노가 정치적 연금술이나 대변혁과도 비슷하다는 사실은 매우 흥미롭다.

슬로터다이크는 분노에 대한 호소가 매우 중요하다고 본다. 왜냐하면 분노에 대한 호소는 사람들을 일차적으로 충동질하는 단계에서 한 걸음 더 나아가 이 '연금술적 반응'을 좀더 자유롭고 존엄하고 고결한 행동으로 옮겨가게 해주기 때문이다. 그러나 최초의 충동적 에너지가 그 상태 그대로 분출되는 것은 매우 위험하다. 그러므로 최초의 상태를 초월해야 한다.

나는 슬로터다이크의 주장을 읽으면서 고대 그리스, 로마 시대가 보편적이고 영원한 가치들의 초석을 얼마나 잘 놓았는지를 다시 한번 깨달았다. 이러한 가치들은 역사를 거치며, 수많은 부침을 거듭하며 무수한 변화를 겪어왔다. 그러나 그 가치들은 지금도 우리가 의지하여 다시 설 수 있을 만큼 충분히 단단한 기초를 구축하고 있다.

플라톤, 아리스토텔레스, 그리고 내 생각에는 어쩌면 헤라클레이토스나 파르메니데스에게서 더 선명하게 보이는, 삶과 세상을 이해하는 데 의미심장한 사상의 초석이 있다. 나는 그것을 내 삶의 가장 결정적인 두 번의 시기에 발견했다. 레지스탕스 시절에 레지스탕스 국민회의의 확고한 신념을 통해 발견했고, 유엔에서 일하던 시절에 세계인권선언문 속에서 발견했다. 특히 가장 핵심적인 부분이라고 생각해 내가 항상 인용하곤 하는 1장이 그렇다. 그 부분은 다음과 같다. "모든 인간은 존엄성과 권리를 가지고 자유롭고 평등하게 태어났다. 모든 인간은 이성과 양심을 가지고 있으므로 서로를 박애의 정신으로 대해야 한다."

바로 여기에 시민의 중요성이 있다. 시민은 정치권력, 즉 정부가 기본권을 보장해줘야 하는 대상이다. 정부가 임무를 다하지 못할 때, 시민은 그것에 대해 항의할 권리와 의무가 있다. 시민은 투쟁해야 할 이유를 가지고 있으며, 분노를 통해서 자신의 존엄성을 되찾을 필요가 있다.

물론 이것은 축약해서 말한 것이다. 슬로터다이크는 다른 저서를 통해 유럽식 사고의 고전적인 기본 이념이 현대에 이르기까지 너무도 많은 길을 우회해왔다는 점을 지적했다. 사실 고대 철학은 정치에 적극적으로 참여하기보다는 현실에서 거리를 두고 후면에서 정치에 대해 논하는 쪽에 가까웠다. 왜냐하면 철학이란 어찌 보면 실패와 실망에서 탄생하는 존재이기 때문이다. 철학은 실제로 존재하는 공동체에 통합될 정직하고 현명한 존재의 가능성을 믿지 않았다. 그리하여 거의 2천 년 동안 퇴보했다. 군주정치 시절에는 철학보다 종교가 필요했기 때문이다. 그렇게 종교적 지성에 완전히 자리를 빼앗긴 철학은 프랑스혁명 이후에야 '근대의 실망을 해석하기 위해' 되돌아온다. 결국 근대는 체념을 거부했다는 점에서 고대와 달랐다. 반면 고대 그리스 사람들은 지혜와 체념의 방정식 속에서 살았다.

근대 사람들은 실망에 관해서도 다른 태도를 취했다. 그들은 '지금 존재하는 것은 다른 방식, 즉 더 나은 방식으로 존재할 수도 있었다'고 생각했다. 그리하여 실망은 더 나은 미래를 향한 움직임을 이끌어내는 기폭제가 되었다. 에른스트 블로흐의 대표작 『희망의 원리』[18]는 바로 이러한 내용을 기술하고 있다.

그럼에도 불구하고 우리는 위험을 안고 있다. 우리의 동력을 불러일으킨 힘이 우리가 처한 상태를 변화시키는 데 성공하지 못할 때, 우리는 다시 실망하게 될 것이고 또다시 종교의 힘에 사로잡힐 거라는 사실이 그 위험의 실체다. 최근 역사의 여러 순간에 이런 일이 실제로 일어났다. 그러나 세계 전역으로 점점 확산되는 위기 속에서 더이상 그런 식으로 일관할 수는 없으며, "네 삶을 바꿔야 한다"라고 말하는 철학적 전통과 다시 관계를 맺는 것이 시급히 필요하게 되었다.

타인의 인권—상호의존을 향한 도전

우리가 겪고 있는 다양한 위기들은 심원深遠하고 난폭하며 위험하다. 그러나 에드가 모랭이 짓궂게 상기시키듯, 위기는 위험에 대해 인식하고 거기서 탈출할 구원의 길을 발견한 바로 그 순간에 온다. 분명한 것은 위기가 우리에게 보편적인 자각의 계기를 제공한다는 사실이다. 서양 사람들은, 아니, 꼭 서양뿐 아니라 일반적으로 모든 사람들은 인간으로서 '존재하는' 훈련이 소유와 경쟁처럼 끔찍한 압박으로 다가오는 유혹을 물리칠 수 있다는 사실을 인식하게 된다. 어쩌면 내가 나이 때문에 이렇게 초연해졌는지는 모르지만, 나는 우리 모두가 가능한 한 덜 소유해야 한다는 확신을 갖고 있다. 꼭 필요한 것들을 충족할 만큼만 소유하면 된다. 우리는 비범한 존재일 필요는 없지만, 일단 강하고 모두를 위해 필요한 존재여야 한다. 우리 시대의 도전은 어쩌면 60억의 다른 사람들과 함께 우리에게 주어진 상호의존과 연대의 조건을 받아들이는 것일 수도 있다.

여기에 새로운 도전이 있다. 인류를 넘어서서 생태 전체와 경이로운 공존을 도모하고 그렇게 살아가는 것. 오늘날 우리가 처한 상황은 완전히 새롭다. 인류라는 단어는 역사상 최초로 관념적이지 않은 개념이 되었다. 그러나 이 단어가 지닌 본질적인 개념은 끔찍한 것으로 변모했다. 유일한 땅, 지구 위에서 60억 이웃과 어떻게 함께 살아가야 할지 아는 사람이 아무도 없기 때문이다. 타인과 함께하는 삶을 고민하는 것은 뛰어난 지성만으로 할 수 있는 일은 아니다. 이제 우리는 다른 모든 생명체, 동물들, 식물들, 복합적인 유기체 및 생태계와 함께한다는 동지의식을 확고히 받아들여야 한다. 슬로터다이크는 농담처럼 이렇게 말했다. "인류와 비인류가 세계적인 의회를 구성해야 하며, 거기서 하나의 헌법을 만들어내야 한다." 밝혀두건대, 나는 살아 있는 자연과 환경 속에서 생태계 전체에 대한 보편적인 포괄성을 사고할 수 있는 새로운 인권선언문을 작성해야 한다는 생각을 갖고 있다. 이 생각은 나를 열광하게 하지만, 동시에 비슷한 정도로 나를 염려하게 한다. 새로운 선언문 작성은 엄청난 작업이 될 것이기 때문이다.

『분노하라』를 출간한 편집자 실비 크로스만과의 인터뷰는 나에게 힘을 주었다. 실비 크로스만은 인류의 오랜 경험을 내면에 익힌 사람들을 많이 만나보았고, 그들과 깊이 있는 관계를 맺어온 사람이었다. 그들은 어떻게 자연과 밀접한 관계를 유지할 수 있었을까? 우리는 사람과 자연 사이의 자연스러운 친숙함을 잃어버리지 않도록 끊임없이 노력해온 달라이 라마의 메시지를 참고할 수 있다. 그러나 우리가 참고할 수 있는 것이 비단 그뿐만은 아니다. 오스트레일리아 원주민들, 북아메리카 원주민 나바호족, 그리고 아마존과 페루의 원주민들도 자연과 친숙한 관계를 맺고 있다. 땅과 인간이 함께 번성하게 하는 이들의 포괄적 접근은 우리에게 모범사례가 된다. 이들은 개인들 사이의 존중을 통해 오랫동안 존속해왔고, 모두가 받아들이는 위계질서, 동물, 식물 등 자연과 맺고 있는 밀접한 관계 등을 조화롭게 한데 묶음으로써 균형 잡힌 사회체계를 입증해왔다. 균형을 깨고 조화를 침해하는 행위는 윤리로써 벌한다.

인류가 지금까지 발전시켜온 문명은 균형 잡힌 체계라기보다는 오히려 불꽃놀이에 더 가깝다. 소비를 부추기는 측면 때문이다. 심지어 슬로터다이크는 일반적인 인간의 권리에서 언급되지 않는 보이지 않는 또다른 권리가 있다고까지 말한다. 그것은 바로 낭비할 권리, 불꽃놀이에 참여할 권리, 최대치의 즐거움을 향해 시간을 다투며 질주할 권리, 행복을 사냥할 권리이다.

노동의 이데올로기에 대한 예를 들어보자. 앙드레 고르의 저서 『노동의 변신』[19]은 내게 강렬한 인상을 심어주었다. 앙드레 고르는 이 저서에서 인간이 노동과 맺는 관계를 통해, 우리가 삶의 본질과 맺는 관계의 논리적 난점을 정확히 드러내주었다. 앙드레 고르의 관점은 에드가 모랭이 그의 책에서 보여주는 접근방식과 매우 비슷하다. 결국 우리는 인간에 대해 무엇을 알고 있는가? 인간은 노동을 해야만 하는, 노동으로 사는 동물인가? 아니면 즐거움을 누려야 하고, 사랑해야 하고, 생각해야 하고, 또다른 뭔가를 해야만 하는 동물인가? 현실적으로 인간은 이 모든 것을 해야만 한다. 그렇다면 우리는 서로 다소 모순되어 보이지만 피할 수 없는 이 모든 활동들을 어떻게 조화롭게 배치해야 할까?

우리는 각자의 객체 안에 시인, 노동자, 광대, 건축가, 철학자 그리고 시인을 어떻게 조화시킬 수 있을까? 이반 일리치와 허버트 마르쿠제도 오로지 소비에 의해서만 상쇄되는 노동의 과잉된 위치와 그 노동이 부여하는 강제성에 대한 사고를 상당한 수준으로 발전시켰다. 오늘날 우리가 처한 재앙을 피하게 해주는 사고들이 상당히 많이 존재한다. 경제의 기능에 대한 사고는 좌파의 사고와 불가분의 관계에 있어왔다. 특히 프랑스에서 좌파들은 어떻게 하면 봉급생활자들의 권리를 지켜낼 수 있을까, 어떻게 하면 부를 재분배할 수 있을까 하는 문제에 골몰하며 많은 시간을 보냈다. 그러나 이러한 사고는 불가피하게 매번 마르크스적 사고체계에 갇혀버리고 말았다.

고르, 일리치 그리고 마르쿠제는 봉급생활자의 노동이 모든 것의 기본이라는 마르크스적 외골수와는 다른 길을 우리에게 제시해주었다. 그러나 우리는 이제야 그들의 사고를 이해하기 시작했다. 예를 들어 일리치는 강제된 노동시간을 최소한으로 줄이고 스스로 찾아서 하는 창의적인 노동시간을 최대한으로 늘릴 것을 주장했다. 그는 이러한 방식으로 사회가 좀더 행복해질 거라고 믿었다. 고르는 더 견고한 논리를 제시했다. 그는 시장의 필요성과 급여를 받는 노동의 필요성을 모두 부정했다. 대신 개인의 노동을 각자가 지닌 창의성을 실현하는 활동으로 전환하게 해주는 좀더 공정한 역할 분배를 제안했다.

슬로터다이크가 말한 풍요의 불꽃놀이는 봉급을 받는 노동과 그것을 보상해주는 광적인 소비 사이의 상보성에 기초하고 있다.

그러므로 이것은 우리가 살고 있는 복잡한 현대사회의 방정식을 풀기 위해 사상과 경제 개혁을 논할 때, 반드시 염두에 두어야 하는 사고이다. 수치로 드러난 현실은 가혹할 정도이다. 60억의 인구가 유럽인의 방식으로 살아가려면 두 개의 지구가 필요하고, 미국인의 방식으로 살아가려면 다섯 개의 지구가 필요하다고 한다. 한마디로 말해 수학적으로 그리고 경제적으로 버틸 수 없는 상황이다. 그러나 나는 정부 부처나 그 밖의 국가기관에서 일하는 '합리적인' 사람들 중 이 문제에 대해 심각하게 걱정하는 사람을 별로 보지 못했다. 더이상 권좌에 있지 않은 미셸 로카르와 이러한 고찰에 이르기 위해 무척 애쓰고 있는 녹색당 사람들을 제외하고 말이다.

우리가 순수하게 서구적인 의미로 인권을 정의할 수는 없다는 것, 즉 예외적이고 극단적인 해석 속에 더이상 갇혀 있을 수 없다는 사실은 명백하다. 우리는 다른 문명의 메시지들을 귀담아들어야 한다. 그 메시지들은 우리로 하여금 생존을 위한 법칙을 새롭게 쓰도록 한다. 슬로터다이크가 다음과 같이 말했듯이, 이것은 분명 이번 세기에 우리가 맞이할 가장 큰 도전 중 하나가 될 것이다. "서구 문화의 역동성으로 작동하는 문명은 수그러들 것이다." 에드가 모랭은 이 부분에 대해 '문명의 정치'를 언급했다. 문명의 정치란 세상과 자연 그리고 우리 자신이 가지고 있는 심각한 불균형을 고쳐가면서 우리의 역사적인 경험들 가운데서 가장 좋은 점들을 간직하는 정치를 말한다.

위험에 저항하기 위해 우리가 기울여야 할 노력은 우리 모두가 가진 삶의 능력을 사용하는 방법 속에 존재하지 않을까? 모랭은 사상의 개혁과 우리의 사회적, 경제적 개혁을 규정짓는 삶의 개혁이 필요하다고 되풀이해 말한다. 결국 우리는 다음과 같은 질문을 던져야 한다. "우리는 조화로운 삶과는 거리가 먼 온갖 잡동사니 같은 생각에 의해 어떻게든, 언제든 더 많이 벌어야 한다는 욕망에 갇혀 있었다. 과연 지금 우리는 새로운 움직임에 동참할 의지가 있는 걸까?"

운명의 회귀

몇몇 친구들과 함께한 파리에서의 저녁식사 시간이었다. 내가 잠시 자리를 비웠다가 돌아오자 친구들이 내게 말했다. "페터가 방금 '운명은 회귀한다'고 선언했어." 나는 그 말을 듣고 당황했다. 슬로터다이크는 이 수수께끼 같은 말을 통해 무슨 이야기를 하고 싶었던 걸까? "우리는 두번째 숙명의 시대로 진입할 것이다. 불가피한 것들이 그 어느 때보다 선명하게 회귀했기 때문이다." 매우 흥미진진한 이야기다. 인간은 지난 두 세기 동안 자신에게 가해지는 힘들을 스스로 제어하며 자기 운명의 주인이라는 확신을 갖고 살아왔다. 그런데 운명이라는 개념이 새롭게 수면으로 떠오르고 있다니, 이것은 위로인가 아니면 저주인가? 물론 여기서 우리는 한 인간의 강렬한 의지를 초월하는 힘이 존재한다는 측면에서 일종의 안도감을 가질 수도 있다.

라이프니츠는 멸시하는 태도로 '터키식 운명론'에 대해 이야기한 바 있다. 그가 볼 때 숙명론은 인간의 자유에 대한 테러였다. 모든 계몽주의 사상가들이 진보한다는 것은 운명을 거부하는 일련의 행동 외의 다른 것일 수 없다고 확고하게 믿었다. 그러므로 운명을 깨부숴야만 했다. 이것은 종교와 관계가 있는 걸까? 수용소에 있을 때 우리는 삶이 이미 끝나버린 것처럼 체념한 사람들을 '이슬람교도들'이라고 불렀다. 왜냐하면 그들은 이미 산 사람이 아니었기 때문이다. 그들은 슬픈 표정으로 수용소 안을 거닐었다. 마치 살아움직이는 시체들 같았다. 그들은 모든 희망을 상실했다. 그들을 지칭한 '이슬람교도들'이라는 표현은 물론 이슬람교가 운명과 숙명의 종교라는 편견에서 비롯되었다. 물론 이것은 무척 과장된 생각이다. 우리가 다른 종교들에 대해서 흔히 그러듯이.

실제로 서양의 '운명'이라는 단어에 해당하는 정통 이슬람교 용어가 있다. 바로 터키어인 '키스멧kismet'이다. 경이롭고 시적인 이 단어는 '글로 쓰인'이라는 뜻이라고 슬로터다이크는 우리에게 상기시켜준다. 다시 말해 우리의 '운명'은 '말해진' 것과 관계가 있고, 터키의 '키스멧'은 '글로 쓰인' 것과 관계가 있다. 글로 쓰인 규율은 이슬람교도들에게는 운명을 상징하는 것과 같기 때문이다.

다행스럽게도 이러한 문화적 관습은 2011년 초에 일어난 아랍 세계의 역동적인 움직임에 단 한순간도 버티지 못했다. 이 대목에서 우리는 〈아라비아의 로렌스〉에서 로렌스가 "아무것도 쓰여 있지 않다"고 자신만만하게 외치는 모습을 떠올릴 수 있다. 사형을 선고받을 사람이 있었다. 그러나 그는 그 사형선고에 반대하면서 이렇게 외쳤던 것이다. 그러나 운명 따위는 없다고 외쳤던 그 사람이 곧바로 살해된다는 사실에 이 영화의 아이러니가 있다. 운명은 그렇게 완성된다. 수피족이 말하는 사마르칸트에서의 만남에 관한 이야기, 자신의 운명을 피하려 했으나 결국 맞닥뜨리고야 말았던 오이디푸스의 이야기도 마찬가지다. 그리스 신화도 우리가 피하려고 애썼던 것에 결국 붙잡히고 만다는 것을 잘 보여준다.

❖ 사마르칸트에서의 만남

어느 날 터키 재상의 하인이 재상에게 말한다. "주인님, 제가 시장에 갔다가 죽음의 신을 만났습니다. 죽음의 신이 저에게 다가왔습니다. 저는 이 마을을 떠나 사마르칸트로 가게 될까봐 두려웠습니다." 재상은 시장에 가서 죽음의 신을 만났다. 그리고 자신의 하인을 두려움에 떨게 한 죽음의 신을 나무랐다. 그러자 죽음의 신이 재상에게 대답했다. "나는 오늘 저녁 사마르칸트에서 나를 다시 만나게 되리라는 걸 말해주려고 그대의 하인에게 다가간 거라네."

슬로터다이크에 따르면, 운명이 회귀했다. 다시 말해 행동하고자 하는 우리의 의욕을 꺾는 힘이 대두하고 있다는 말이다. 무력한 의지가 강력한 의지를 대신하는 것이다. 니체의 생각도 이와 비슷하다. 니체는 상승하는 의지와 하강하는 의지를 밝혀냈다. 인간에게 존재하는 거의 압도적이라 할 만한 숙명론의 흐름은 우리가 아무것도 할 수 없다는 것을 알게 한다. 금융, 경제, 기후, 심지어 정치적인 힘 같은, 우리에게 작용하는 비물질적이지만 현실적인 힘들, 민주주의를 표방한 저항 혹은 거리에서의 저항에도 불구하고 통제하기 불가능해 보이는 이런 힘들과 마주하면 포기하고만 싶어진다. 정치 활동은 현재의 상황을 보존하는 데 국한되어 있다. 공격적인 보수주의의 승리가 모든 '진보'를 떨게 만든다.

낯선 사람을 포옹하는 기술

우리는 운명을 거슬러야 하고, 우리 의지에 반하는 운명이 실현되는 일을 막아야 하고, 현재 처한 상황과 절연해야 한다. 그러나 정치참여를 위해서는 미묘한 차이나 상황의 복잡성을 무시하는 위험성은 받아들여야만 한다. 사물을 상대적으로 단순화한 것에 대한, 그리고 현실에서 우연성을 제거한 것에 대한 대가를 치러야만 한다. 나는 에드가 모랭과 더불어 단순한 것은 아무것도 없다는 것을 배웠다. 그러나 가장 복잡한 일들에서도 가장 단순한 길을 찾을 수 있다. 다니엘 컨벤디는 결정에 방해가 되는 이런 모순을 초월해버리는 데 매우 능한 사람이다. 그는 사물의 서로 다른 면모들을 잘 알고 있으며, 그것을 염두에 둔다. 그러나 몇 가지 의구심에도 불구하고 직관을 통해, 어떤 사유 혹은 책임감을 갖고 일정한 결론에 도달하는 능력도 가지고 있다. 다소 복잡하고 궤변처럼 들릴 수도 있으나, 매우 명쾌하게 정의된 목적을 갖고 끝내 결론에 이른다.

나 역시 그의 이러한 태도를 조금 다른 상황에서 적용해보려고 시도한 적이 있다. 그러나 나는 명확하고 긍정적이고 강렬한 메시지가 필요하다는 인식을 가진 사람일 뿐, 엄격한 의미에서 정치인은 아니었다. 단순명료함simplicité은 단순화하는 것simplisme과는 분명 다르다.

카다피에 저항하는 리비아 혁명을 지지할지 말지에 대해 논하는 토론 사례는 사소한 문제들 때문에 결론에 이르지 못하는 것보다는, 가장 본질적인 선택을 하기 위해 약간의 모순들은 넘어서야 한다는 것을 잘 보여준다. 카다피에 저항하는 자들이 어디 출신인지, 그들의 장기적인 목표가 무엇인지 잘 알지 못하는 것은 중요하지 않다. 컨벤디가 튀니지 혁명과 관련해 유럽의회에서 말한 것처럼 "현실정치란 자유와 민주주의를 향한 아랍인들의 열망을 곳곳에서 지지하는 것이다". 이 저항세력이 서구의 이익을 대변하는지 아닌지도 중요하지 않다. 게다가 그것은 어떤 이익인가? 석유? 이민? 테러? 이 혁명세력이 선거를 통해 당선된 자들인지 아닌지 역시 그다지 중요하지 않다. 독재자에게서 벗어나기 위해 투쟁하는 사람들에게 합법성을 물을 수 있는가? 따지고 보면 드골과 장 물랭이 레지스탕스 활동을 지휘할 때도 선거를 통해 뽑혀 지도자의 위치에 선 것은 아니다. 그렇지만 대부분의 프랑스인들은 그들이 프랑스 사상을 대표한다고 생각한다. 당시 합법성을 지녔던 비시 정부는 그 무엇도 대표하지 못했다.

그러면 대관절 무엇이 중요한가? 우리는 리비아 임시의회를 인정하지 않을 수 없다. 각종 무기와 전차, 용병 들을 가진 카다피와 들고 싸울 수 있는 무기를 거의 갖지 못한 저항 세력 사이의 엄청난 힘의 불균형 앞에서 그들을 도와줘야 할까? 우리는 주저한다. 우리는 핑곗거리를 찾는다. 위험은 현실이고, 실제로 이 혁명이 어떤 결과를 가져올지 아는 사람은 아무도 없다. 그러나 미래에 대한 두려움과 과거의 실수들, 특히 조지 부시가 이라크에서 벌인 끔찍한 식민지화 시도는 우리가 아무 반응도 보이지 않고 아무 결정도 내리지 않는 것에 대한 변명이 될 수 없다. 2003년의 걸프 전쟁을 지지하는 것이 불가능했던 것처럼, 리비아의 혁명세력을 돕기 위해 뭔가 시도하지 않는다는 것은 불가능하다.

가장 나쁜 것은 우리의 이런 망설임이 결국에는 튀니지에서 시작하여 이집트로 이어지면서 지금은 균형과 진실을 찾는 중인 '아랍의 봄'이라는 이 경이로운 움직임을 실패로 끝나게 하는 데 기여할 수 있다는 것을 우리가 잘 알고 있다는 점이다. 정치라는 것은 낯선 상황을 받아들이는 기술이기도 하다. 한나 아렌트의 표현을 빌리면 정치는 갑자기 '다가오는' 부정형의 수많은 사건들을, 다가오는 새로운 힘을 받아들이는 기술이다.

그러나 꼭 그런 것만은 아니다! 불균형에 대한 두려움이 정치를 몰고 가는 경우가 여전히 많이 있다. 새로운 상황을 마주하는 대부분의 정치인들은 그것을 익숙한 상황으로 끌고 가려는 경향을 보인다. 상황의 복잡성을 포용하여 거기서 하나의 행동노선을 도출해내는 대신, 가변적이고 기복이 심한 상황에서 이런저런 모순된 바람이 불어오는 방향에 따라 뱃머리를 돌린다. 특히 질적, 양적인 여론조사를 통해 교묘하게 측정된 여론의 파도에 따라. 나는 요즘 정치인들이 일반인들보다는 여론 주도 계층, 즉 언론인이나 정치평론가들에게 호소하려는 현상을 불쾌하게 여긴다.

베스트팔렌의 함정

아랍세계에서 일어나고 있는 혁명과 관련하여, 나는 상황의 어려움을 분명히 인식하고 있다. 시리아가 곧바로 이 사실을 입증했다. 사실 이런 상황은 분명 외교관들이 입지를 정하기가 매우 복잡한 상황이다. 나는 누가 해결책을 쥐고 있는가 하는 것을 말하는 것이 아니다. 바로 이 대목에서 다니엘 컨벤디 같은 사람의 한마디가 환영받는다. 다시 말해 재빨리 행동을 취하지 않는다면 우리는 지중해 연안의 국가들뿐 아니라 우리 모두에게 매우 중요한 것을 무산시킬 것이다. 지금 우리에게 주어진 기회, 즉 군사적 개입을 활용하지 않는다면, 나중에는 또다른 방법들을 찾아내야 한다. 어떤 사람은 이렇게 말한다. "어쨌든 아사드*는 그 나라의 최고통치권자야." 그런데 우리가 어떻게 개입할 수 있을까?

---

* Bashar al-Assad(1965~), 시리아의 정치가. 철권통치자 하페즈 알아사드의 아들로, 후계자 수업을 받던 중 2000년 6월 아버지가 급작스럽게 사망하자 대통령에 취임했다.

대단한 '최고통치권'의 개념이여! 우리는 대부분의 나라들을 국경 없이 넘나드는 열린 세계에 살면서도 여전히 국경이라는 허구에 지배되는 모순 속에 갇혀 있다. 1648년은 "한 나라의 종교는 군주의 종교에 따라 정해진다"는 유명한 말과 함께 정치사에서 매우 중요한 해가 되었다. 그해에 체결된 베스트팔렌 조약은 신성로마제국 아래 묶여 있던 나라들을 각각의 주권국가들로 독립하게 했고, 그로써 유럽은 정치적 보편주의universalisme를 잊고 교황보다 국왕이 우월하다고 간주하면서 근대로 접어들었다. 이 조약은 종교적 자유의 이름으로, 비교적 긍정적인 원칙하에 체결되었다.

베스트팔렌 조약의 대원칙하에 3세기에 걸친 국가공동체 건설의 시기를 지나오면서 민족주의 논리는 끔찍하게 남용되었고, 이제 현대 정치권력의 역사는 새로운 장을 구상할 때에 이르렀다.

약 40년 전 다니엘 컨벤디가 지적한 것처럼, 우리는 민주주의를 통해 독재를 억제하자고 이야기했다. 우리는 체제를 변화시키기 위해 독재자의 절대권력을 피할 방법을 끊임없이 찾으면서도, 일단은 그 권력을 체념하고 받아들였다. 그러나 지금은 정반대다. 미국 행정부의 일부, 이란 혹은 이스라엘이 (모순된 이유들 때문에) 독재를 통해 민주주의를 억제하려 한다.

튀니지에서 생겨난 이 새로운 물결은 이집트와 리비아까지 전파되었고, 바레인과 사우디아라비아를 위험에 처하게 했다. 그러나 미국의 입장에서 볼 때 사우디아라비아를 위험에 몰아넣는 것은 석유의 배럴당 가격을 200달러로 폭등시키는 일이다. 이런 상황은 도저히 예측할 수 없다. 사우디아라비아는 미국이 중동지역에서 벌이는 퍼즐게임에서 절대 놓칠 수 없는 한 조각이며, 미국의 석유 공급원이기도 하다. 미국이 카다피에 대한 공격을 주저하는 이유를 설명해주는 대목이다. 리비아 내에서 일렁이는 움직임을 그가 진압해주기를 기대하기 때문이다. 이스라엘은 현재의 상황에 대해 아무것두 이해하지 못했고, 그 무엇도 이해하고자 하지 않는다. 다만 지금으로서는 그들의 최고 동맹국이 사우디아라비아라는 사실만 숙지할 뿐이다. 물론 이란은 자신들에게 불길이 번질까봐 두려워하고 있다.

사우디아라비아는 적어도 초기에는 맹목적으로 카다피에 대한 지지 입장을 고수했다. 용기가 있었다면 밀려드는 혁명의 물결 속에서 지지, 개혁, 자유화 등 정반대의 입장을 취했을 것이다. 그러나 정세가 바뀌려면 석유가 차지하는 위치가 덜 중요해져야 한다. 그 방면의 변화를 말하기엔 아직 너무 이르다. 따지고 보면 1848년* 유럽의 정부들 역시 국민들이 일으킨 혁명을 열광적으로 받아들일 용기도, 개혁을 이행할 용기도 갖고 있지 않았다.

---

* 프랑스의 2월혁명을 비롯해 전 유럽에 저항운동이 확산된 해.

전쟁과 평화—국가 대 법

전쟁과 평화 사이의 변증법은 멈추기 쉽지 않다. 건강과 질병 사이의 관계와 조금 비슷하다고나 할까. 이 둘은 서로의 상태를 정의한다. 그러나 그들의 관계는 존재론적이다. 우리 모두가 함께 누릴 수 있는 영속적인 평화 상태를 구상하는 것조차 힘들 정도로. 전쟁 체험은 평화에 대한 경험의 전제조건이다. 전쟁에 참여했던 사람들이 평화를 가장 잘 만들어낼 수 있다. 평화가 무엇인지 잘 알기 때문이다. 나 역시 전쟁 체험을 통해 평화의 외교관이 되었다고 말할 수 있다. 그러나 내가 외교관이 된 동기는 본질적인 의미의 평화주의가 아니었다. 내가 종종 간디에 대해 이야기하고 "때때로 평화주의만으로는 충분치 않다"는 그의 말을 인용하는 것은 평화주의와 비폭력을 구분할 필요가 있다고 믿기 때문이다.

나는 평화주의가 무엇인지 안다. 그리고 그것을 실천했다. 1920~30년에 나는 진정한 평화주의자였다. 사실 그때는 조금 덜 평화주의자여야 했던 때였다. 우리는 그 시기를 세계대전이라는 끔찍한 재앙 속에서 보냈다. 제1차세계대전의 기억은 거의 모든 사람들에게 도저히 참을 수 없는 것이었고, 다시는 그런 불행을 반복하지 않기 위해 뭔가가 필요했다. 내게, 그리고 오늘을 살아가는 많은 사람들에게 마지노*는 이런 점에서 주목할 만한 사람이었다.

1938년 달라디에**가 뮌헨에 갔을 때, 나는 체임벌린***과 함께 그들이 새로운 갈등을 피하기 위해 모든 노력을 해야 한다고 진지하게 생각했다. 또 나는 당시 내 사랑하는 연인과 나눴던 대화를 기억한다. 나는 열정적인 어조로 그녀에게 이렇게 말했다. "아, 됐어. 이제 우리는 평화를 얻었어!" 그러자 그녀가 나를 바라보며 물었다. "너 정말 그렇게 생각해?" 나는 그렇게 믿고 싶었다. 그러나 그녀의 말이 옳았다. "정신 차려. 우리는 지금 어리석은 짓을 한 거야." 그녀는 나보다 더 성숙했고, 세상 경험도 많았다.

오늘날 나는 그 어떤 대가를 치르더라도 전쟁만은 피해야 된다고 생각한다는 차원에서 훨씬 더 확실한 평화주의자가 되었다. 그러나 지금 나는 갈등지역에 개입하기 위해 국제적인 군사력을 동원해야 한다는 생각에 동의한다. 심지어 유엔군이 아직 충분히 구축되지 않은 것에 대해 매우 실망하고 안타까워한다. 현재 '푸른 철모들(유엔군)'은 최소한의 병력에도 미칠까 말까다. 이들은 더이상 전쟁을 하지 않겠다고 이미 선언한 두 나라 사이에 개입하여 그

* André Maginot(1877~1932), 프랑스의 정치가, 육군 대신. 독일과의 전쟁에 대비한 방어요새인 마지노선 착공을 제안했다.
** Edouard Daladier(1884~1970), 프랑스의 정치가. 급진 사회당의 총재로서 세 차례 총리를 지냈다. 뮌헨 회담에 참석해 히틀러를 회유하려 했지만 독일의 침략을 저지하지 못하고 독일에 선전포고를 했다.
*** Arthur Neville Chamberlain(1869~1940), 영국의 정치가. 총리가 된 후 유럽에 휘몰아친 파시즘 광풍을 자극하지 않기 위해 유화정책을 썼다. 뮌헨 회담에서 히틀러의 요구를 들어준 것이 대표적인 사례다.

들이 전쟁을 재개하지 못하게 하는 병력이다. 그러나 콩고에서의 몇 년을 비롯한 몇 건의 예외를 제외하고는 한 나라를 상대로 싸우는 형식의 진정한 무력 개입은 없었다.

특히 유엔군은 보스니아에서 가장 끔찍한 실패를 경험했다. 보스니아에 군사적으로 개입할 수 있는 권한이 없었기 때문이다. 같은 시기 르완다의 사례를 들 수도 있다. 그러나 르완다에서 전쟁은 다른 형태를 띠었다.

이 문제는 국가의 주권에 대한 덫으로 우리를 귀착시킨다. 이제 한 국가의 주권이 인권을 능가할 수는 없다는 사실을 말해야 한다. 나는 주권을 지닌 국가가 인권을 노골적으로 무시한다면, 유엔이 제재나 권고를 넘어 그 나라와 싸워야 한다고 생각한다.

물론 사람들은 내 의견에 반대할 것이다. 유엔안전보장이사회, 다시 말해 주요 국가의 대표들이 많은 나라에서 인권을 유린하는 수많은 범죄들이 벌어지고 있으며, 그 나라의 국민들을 압제자로부터 지켜내야 한다는 사실을 잘 인지하고 있기를 바라는 것은 유토피아적이거나 순진한 생각이다. 회원국들의 지정학적 이해관계와 모순되는 가치를 추구하는 기관에 그만한 신뢰를 부여한다는 것은 어려운 일이다. 그러나 바로 이것이 내가 말하는 '법의 진보'이다. 유럽 이외의 그 어느 곳에서도 인권이 국가의 최고통치권에 우선할 정도로 진보하지는 못했다.

유럽은 매우 놀라운 특징을 가지고 있다. 유럽 국가들은 법을 신뢰한다. 이것은 세계적으로 볼 때 아주 드문 경우다. 유럽인들은 법의 가치를 믿으며 그것을 모든 이에게 적용하는 것 또한 가능하다고 여긴다. 법에 대한 이러한 생각 덕분에 국제형사재판소의 창설이 가능했다. 독재자, 살인마에게 그들이 한 행동은 유엔이 정한 이러이러한 내용에 비추어볼 때 잘못된 것이며, 그가 저지른 범죄(전쟁, 반인권적 행위, 인종학살 등)는 국제재판을 통해 합당한 벌을 받게 될 거라고 말할 수 있는 기관이 헤이그에 생겼고, 나는 그 사실이 한없이 기쁘다. 이것은 매우 강력한 힘이다. 아직 초보 단계에 불과하지만 말이다.

생각해보면 유엔안전보장이사회가 법의 이름으로 국가의 최고 통치권에 반기를 든 사례는 드물지만 몇 번 있었다. 1990년 사담 후세인이 쿠웨이트를 침공했던 일이 가장 좋은 사례일 것이다. 1차 걸프 전쟁이나 그후 이어진 걸프 해에서의 전쟁에서는 국제 정의의 모범을 구축하는 데 제대로 역할을 수행하지 못했다.

이 부분에 관한 문제는 리비아에 대한 개입과 관련해 다시 제기된다. 카다피는 무자비한 반인권적 행위를 저질러왔고, 유엔의 개입은 불가피하다. 단지 국가 최고통치권을 가졌을 뿐인 이 독재자에 대항해 군사적으로 개입하기 위해서는 국가통치권자 여러 명의 동의를 얻어야 한다. 특히 중국과 러시아의 동의가 필요하다. 길들여지지 않은 이 두 나라는 난처한 선례를 남길까봐 두려워할 수 있고, 경우에 따라서 몇 가지 근심거리를 야기할 수도 있다.

러시아와 중국, 이 두 나라는 유엔안전보장이사회의 상임이사국이며 거부권을 행사할 수 있다. 역설적인 사실은 안전보장이사회가 국제사회에서 인권을 보장하는 기구라는 것이다. 나는 이 기구에서 오랫동안 일했고 많은 것을 경험했으며 이 기구의 창립 작업에 동참했다. 그런데 이 기구는 세계시민들의 인권 보장에 걸림돌이 되는 모습을 너무나 자주 보여주었다. 바로 그런 이유 때문에 안전보장이사회는 개혁되어야 한다. 세계 속의 현실적인 세력관계를 다시 고려해 안전보장이사회 상임이사국도 재편성되어야 한다. 인도, 일본, 브라질 그리고 몇몇 국가들은 안전보장이사회가 그 효력을 상실했음을 입증해주고 있다.

불행한 점은 유엔 헌장이 세계의 평화와 전쟁과 관련된 안건들을 결정할 기구를 만들어야 한다는 생각에 기초하여 구성되었으며, 그 유일한 기구가 바로 안전보장이사회였다는 사실이다. 거부권과 관련해 벌어진 일은 매우 간단하다. 루스벨트가 구상하고 있던 평화 유지를 위한 국제적 기구를 만들고, 거기에 그들의 동맹국, 특히 소련의 스탈린이 참여하도록 설득할 수 있는 유일한 방법이 바로 그것이었기 때문이다. 스탈린은 자신의 이해에 반하는 결정을 막을 수 있는 안전장치를 보장받지 않고는 결코 그러한 기구에 발을 들여놓지 않았을 것이기 때문이다. 게다가 1950~53년에 벌어진 한국전쟁에 스탈린이 원치 않았으나 유엔이 참전했고(소련이 일시적으로 이사회 참여를 거부하던 중 소련의 부재 가운데 결정되었다), 그 사실은 거부권의 필요성을 스탈린에게 환기시켰다. 미국과 소련이라는 두 초강대국의 이해를 지켜주기 위해 '거부권'에 대한 생각이 재검토되었다. 그것은 냉전 시대와 소련과 미국으로 대표되는 정치세력의 이분화를 유지해주는 빗장 중 하나였다.

결국 다섯 강대국은 자신들의 이해에 반하는 결정이 내려지지 않도록 장치를 마련해야 했다. 내 친구 브라이언 어커트처럼 자격 있는 다수와 함께하는 좀더 확대된 방향으로 안전보장이사회를 개혁하고자 했던 이들은 절대적인 권력을 보장받으려는 다섯 나라의 거부에 부딪혀야 했다. 이것은 함정이다. 인류 역사에서 자신이 가지고 있는 절대권력을 기꺼이 포기하는 자를 본 적이 있는가? 이 악순환의 고리를 끊어낼 방법을 찾아야만 한다.

"십자가 아래에서 그대 승리하리라"
―국가적인 꿈의 한계를 바꾸자

전설에 따르면, 로마 최초의 기독교인 황제 콘스탄티누스는

312년 결정적인 전투 전야에 꿈을 통해 계시를 받는다(이것은 고대 문화의 전형적인 형식이다). 꿈에서 그는 신이 그를 선택했다는 상징이자 승리의 매개체인 십자가를 본다. 그것은 황제의 꿈과 절대 권력에 대한 꿈, 그리고 당시 가장 근대적인 형태였던 교회와 쇄신된 왕권의 결합을 의미했다. 그것은 모험과 권세에 대한 끝없는 욕망을 가진 정복자들의 꿈이었다.

우리의 국가들은 아직도 이와 같은 권력에 대한 꿈에 기반하고 있다. 이러한 환상에 대한 유일한 조절장치가 민주주의다. 모두 그런 것은 아니지만 대개 그렇다고 말할 수 있다. 미국이나 이스라엘 같은 민주주의적 제국주의 형태도 존재하기 때문이다. 민주주의가 제국주의를 억제한 가장 좋은 사례를 들자면 간디의 비폭력과 영국식 민주주의의 대면을 들 수 있다.

간디가 인도를 해방시키는 데 성공했다면 그것은 영국이 민주주의 국가였기 때문이며, 평화운동이 폭력적으로 진압되는 장면을 영국 여론이 참을 수 없어했기 때문이기도 하다. 때로 우리는 비폭력을 유지하기 위해 온갖 노력을 기울여야 하며, 비폭력은 민주주의 혹은 사회의 민주적 열망과 관련된 많은 투쟁 가운데 가장 효과적인 형태이다.

이스라엘과 중동 문제로 다시 돌아가보자. 이스라엘이 팔레스타인에 대해 취하는 태도는 어떤 면에서는 역사 속에서 수많은 국가들이 취해온 태도이기도 하다. 이를테면 알제리에서 프랑스가 했던 일이 그렇다. 왜 국제법은 이러한 반응의 토대가 될 수 없었을까? 2009년의 골드스톤 보고서*는 안전보장이사회의 반응을 보여주기 위한, 나아가 해결책을 보여주기 위한 토대로 사용되어야 했다. 국제법이 정한 한계를 넘어선 이스라엘 정부에 압력을 행사해야 했고, 더 나아가서는 제재를 가해야 했다. 필요하다면 분명 그렇게 해야 했다.

그러나 압력은 골드스톤 보고서 자체에 가해졌다. 결국 회원국이 국제적으로 합의된 기본 규칙들에 반하는 행동을 했을 때, 유엔이 그들의 행동에 대해 분명한 반대 의사를 표명할 수 있는 방법을 가져야 하는 것 아닐까.

인권은 이스라엘과 팔레스타인 문제의 핵심이다. 역사적 절대론의 관점에서 정당성을 찾으며 지금처럼 힘의 불균형 속에서 갈등관계가 유지되는 한, 상황은 결코 해결되지 않을 것이다. 그러나 나는 이스라엘이 스스로 만들어낸 거짓된 역사 속에서 살아가기를 멈추고, 현실로 돌아오도록 강제해야 한다고 생각하는 몇몇 사람 중 하나다. 예를 들면 1967년 다니엘 컨벤디는 유엔 총회에서 공식

---

* 이스라엘의 가자 지구 공격에 대한 진상을 밝히기 위해 만들어진 보고서. 유엔인권위원회에 의해 작성된 이 보고서는 그 내용의 진실성에도 불구하고, 미 의회를 비롯해 전 세계 유대인 공동체로부터 숱한 비난을 받았다.

적인 투표를 통해 팔레스타인 정부의 주권과 그들이 차지하고 있던 국경을 인정하는 절차를 밟아야 한다고 주장했다. 아마도 그것은 언젠가 이루어질 것이다.

물론 컨벤디가 제안했던 대로 그들의 주권이 인정되었다 해도, 팔레스타인 정부는 여전히 그들의 영토에 대해 현실적인 권리를 행사하지 못했을 것이다. 그렇다 해도 그것은 매우 중요한 절차이며, 국제법의 시간에 시계추를 맞추는 하나의 방법이 될 수 있다. 게다가 바로 이 대목에서 미묘한 지점이 생긴다. 1967년의 국경을 토대로 팔레스타인 정부를 인정하는 것은, 곧 같은 시기 이스라엘 국경의 합법성을 인정하는 일이 되는 것이다. 이것은 팔레스타인 사람들이 이스라엘 정부의 합법성을 인정하게 하는 저항할 수 없는 방법이다. 모든 피난민들을 무조건적으로 귀환시키겠다는, 이스라엘이 끈질기게 갖고 있는 환상을 무효화하는 방법이기도 하다. 이 방법을 통해 두 나라는 동시에 이기기도 하고, 또 지기도 한다.

이것은 의지와 욕망이 균형을 이룬 법에 대한 현실적인 시각이다. 또한 이것은 상대의 인격에 관한 권리까지 소유한 절대권력에 대한 환상을 끊어버린다. 유럽적인 시각이라고? 분명 그럴 것이다. 그러나 이것은 카라칼라*가 제안한 로마법의 정신 이후 한스

---

* Caracalla(188~217), 로마의 황제. 재위 기간 211~217년.

켈젠*이 발전시킨 현대법, 그리고 르네 카생**에 이르기까지 역사가 기록해온 보편성의 시각을 담고 있다.

그런데 왜 법인가? 법은 우리의 욕망에 유일한 한계를 제공하기 때문이다. 욕망에 대해 일가견이 있는 다니엘 컨벤디는 이스라엘과 팔레스타인 사이에 갈등을 일으키는 민족주의적 꿈이 얼마나 지속될 것인가 하는 것은 꿈을 제한하는 각자의 능력에 달려 있다고 설명한다. 그의 말대로 "시온주의자들의 꿈은 그들이 자신들의 꿈을 제한하는 테두리 안에서만 존재할 수 있다". 게다가 컨벤디의 생각은 시온주의가 시작되던 초기의 정신(정교 분리와 사회주의)으로의 회귀를 전제로 한다. 오늘날 이 초기의 정신은 종교에 의해 완전히 질식당해버렸다. 민족주의적인 꿈에 관련된 정치적 비전과 신학적 비전 사이에서 내부 갈등을 겪고 있고, 같은 문제점을 안고 있는 팔레스타인인들도 마찬가지다.

민족들, 특히 국가들이 공존하기 위해서는 그들의 꿈에 자발적인 제한을 가해야 한다. 각각의 국가들이 존재할 권리를 갖고 있음을 명확히 하지 않는 국제법이라면 대체 그런 국제법이 무슨 소용인가.

---

* Hans Kelsen(1881~1973), 오스트리아의 법학자.
** René Cassin(1887~1976), 프랑스의 법률가. 1948년 세계인권선언 초안 작성에 기여했고, 1962년 이후, 유럽 인권재판소 장관으로 활약했다. 1968년 노벨평화상을 수상했다.

여호와, 알라, 쇼아*, 나크바** 등 신학적 정당성이나 도덕적 정당성, 민족적인 꿈의 정당성은 전쟁을 일으키는 원인이 된다. 이 모든 개념들은 절대적 권리를 구축한다. 다시 말해, 자신을 제한하는 모든 것을 거부한다. 이 개념들은 정치를 배제한다. 그나마 정치가 갈등 해결에 가장 유용함에도 불구하고 정치마저 밖으로 내던진다.

국제법이 관련된 분야에서 이스라엘의 경우는 가장 최근의 사례라 할 수 있다. 왜냐하면 이스라엘 정부는 유엔과 안전보장이사회의 결정에 의해 만들어졌기 때문이다. 물론 전쟁이 끝난 후, 유대인들이 국가를 갖는 것이 합법적인지에 대한 합의가 있었다. 1948년 유엔 회원국 중 최강대국들은 당시엔 아직 팔레스타인이라 불리지 않고 '트랜스요르단'의 아랍인이라고 불리던 사람들에게 새로운 국가의 탄생을 일방적으로 선포했다.

그 시절 영국인들이 팔레스타인을 떠나기 위해 받아들이려 했던 조건들에 대한 토론을 나는 기억한다. 유대인들은 특히 하가나***와 함께, 영국인들이 결국 팔레스타인을 포기하고 물러가도록 모든 수단을 동원했다. 그래도 영국인들은 이 지역에 대해 제대로 이

---

* Shoah, 히브리어로 '절멸'이라는 뜻으로, 나치의 유대인 학살을 암시한다.
** Nakba, '대재앙'이라는 뜻의 아랍어로, 이스라엘의 독립 과정에서 팔레스타인 사람들이 겪은 고난을 암시한다.
*** Haganah, 팔레스타인에 있던 유대인 지하 자위대, 1948년 이스라엘 국군으로 개편되었다.

해하고 있었고, 진정한 아랍식 정치를 하고 있었다. 로렌스*는 그에 매우 가까운 정신을 갖고 있었다. 그리고 그들은 영토를 나눠 가지기로 결정했다.

그런데 어떻게 나눌 것인가? 불행한 베르나도테 백작**이나 내 친구 랠프 번치*** 등 팔레스타인에 애착을 가지고 있던 이들은 이스라엘이 아랍 국가들에 맞서 스스로를 충분히 지켜낼 만큼 강한 정부를 가져야 한다고 생각하면서 국경 협상에 임했다. 당시 영토의 45%는 아랍인들이 55%는 이스라엘이 가지고 있었다. 결과적으로 나온 타협안을 이스라엘 사람들은 20년 동안 받아들였다. 문제는 이스라엘이 빠른 속도로 매우 강력한 존재가 되어버렸다는 사실이다. 그들은 국제사회가 내린 결정들에 문제를 제기하는 아랍 국가들을 군사적으로 손쉽게 제압했고, 그들의 영토는 당초의 55%에서 78%로 급격히 확장되었다.

1967년까지 이스라엘인들은 국제법이 결정한 분배방식에 따

---

* Thomas Edward Lawrence(1888~1935), 영국의 군인, 고고학자, 작가. 메소포타미아 문명의 유적을 발굴하며 일대를 여행했다. 제1차세계대전 중 육군 장교로 카이로에 파견되어 활약하고, 처칠의 아랍 문제 고문으로 일하면서 아랍세계의 독립에 힘을 기울였다. 그의 일생을 기록한 영화 〈아라비아의 로렌스〉가 세계적인 흥행을 기록하면서, 전설적인 인물이 되었다.
** Folke Bernadotte af Wisborg(1895~1948), 스웨덴의 외교관. 1948년 유엔안전보장이사회에 의해 팔레스타인 조정관으로 파견되었다. 아랍 난민의 고향 귀환을 허락한다는 베르나도테 플랜을 추진하던 중 이스라엘 과격파에 의해 암살당했다.
*** Ralph Johnson Bunche(1903~1971), 미국의 정치학자, 외교관. 유엔 팔레스타인 휴전 감시위원회 조정관대리로 분쟁 해결에 주력했다. 1950년 노벨평화상을 수상했다.

라 팔레스타인 영토 안에서 살고 있었다. 결정을 내리는 존재는 더이상 여호와가 아니었다. 유엔안전보장이사회였다. 이스라엘인들은 그 조건을 받아들였다. 불행하게도 그들이 6일 전쟁에서 이기지 않았더라면 어쩌면 더 오랫동안 그 조건을 받아들였을지도 모른다. 그러나 이 전쟁에서의 승리는 이스라엘인들의 자만심을 부추기고 모든 것을 정당화해주었다. 그들은 모든 땅을 점령하고자했다. 왜냐하면 그 땅은 '신이 그들에게 주신' 약속의 땅이니까. 일종의 '오만'이었다.

그리하여 이스라엘인들은 아주 단순하게 국제법을 신의 반대편에 두게 된다. 이런 조건에서 누가 승리할 수 있을까? 신은 강하다. 특히 사람들이 그 신을 열렬히 믿을 경우. 신을 믿지 않는 사람들도(이스라엘에는 무신론자도 많이 있다) 이스라엘이 땅을 차지하는 것을 기정사실로 받아들였다. 국제법이 즉각 여기에 반응했다. 그리고 신기하게도 안전보장이사회에서는 만장일치로 두 개의 결의안이 차례로 채택되었다. 결의안 242와 338이었다. 이 두 결의안은 이스라엘의 점령은 명백하게 불법이며, 1967년에 정한 국경안으로 되돌아갈 것을 명하고 있다. 동시에 예루살렘은 두 나라의 공동 수도이며 난민들을 위한 영토를 따로 둘 것도 명시하고 있다.

법안유지책임법정과 안전보장이사회, 유엔 총회, 그리고 국제재판소에서 채택된 이 입장을 이스라엘은 완전히 무시하고 우롱

했다. 이스라엘은 국제법이 결정한 방향대로 일이 해결되도록 하는 조치를 전혀 취하지 않았다. 오히려 새로운 협상이 재개될 때마다 협상이 타결되지 못하게끔 행동했다. 이스라엘은 면전에 준⁎파트너밖에 두고 있지 않았기 때문이다. 팔레스타인은 이스라엘과의 사이에 갈등이 생기기 시작하면서 비로소 정부를 갖게 된 민족이기 때문이다. 그러나 아라파트 같은 몇몇 중요하고 현명한 사람들과 함께 점점 준정부를, 어쨌든 상당한 권위를 지닌 정부를 구성하게 되었다. 그럼에도 불구하고 이스라엘인들은 비교적 손쉽게 이 정부를 모순된 여러 개의 기관으로 분리시키는 데 성공했고, 팔레스타인은 별 소득 없이 이에 저항해왔다.

진정으로 말하건대, 이스라엘과 팔레스타인 간의 갈등을 해결하는 열쇠는 자기 제어에 있다. 이것은 단지 중동지역에만 해당되는 개념은 아니다. 유럽이 벌이는 모험 한가운데에도 이 개념이 필요하다. 자기 제어는 오만의 반대말이다. 법의 구속력은 꿈에 대한 제어를 수용하게 한다. 프랑스는 오랜 세월 동안 국경 확장에 대한 환상을 가져왔다. 영국에는 제국이 있었고, 독일에는 나치 제3제국이 있었다. 그리고 워싱턴은 21세기의 아테네를 꿈꾼다. 자기 제어는 법에 반하는 꿈을 종결짓는다. 다시 말해 그것은 법률에 의한 욕망의 제어장치다. 법은 점진적으로 진보한다. 거대한 권력에 대한 욕망을 가진 이들을 소박하게 만들어주는 것은 바로 법이다.

인간이 완벽한 존재였다면 외부에서 강제력을 가하는 법 따위는 필요하지 않았을 것이다. 그러나 양심에 의한 자기 제어가 없는 상태라면 규범을 제시하는 법이 필요하다. 여기에 지성을 더할 수 있다. 나는 한 민족의 지성은 법이 정의하는 대로 각자의 꿈을 제어함으로써 만들어진다고 생각한다. 법은 감정으로 경험하는 대상이 아니다. 감정으로 경험하는 대상은 꿈이다. 다시 말해 법은 감정과 충돌한다. 누군가는 이렇게 자부할지도 모르겠다. "저는 선거를 통해 선출된 사람입니다. 저는 개인적으로 이러이러한 일을 하고 싶습니다. 하지만 저는 그럴 수 없지요. 법이 있으니까." 그러므로 우리의 지성은 우리의 감정을 제어할 줄 알아야 한다.

이것은 금욕과 자기 초월을 정치공동체에 적용하는 일이기도 하다.

민주주의

——모든 프로그램!

사람들의 호의

프리드리히 횔덜린

아름다운 삶으로 가득찬 내 심장, 성스럽지 않은가?

　내가 사랑한 순간부터인가?

　　그런데 내가 더 자부심 넘치고 더 용맹할 때,

　　　자세히 보면 나는 왜 더 수다스럽고 더 초라한가?

아! 군중은 시장의 가치를 좋아한다.

　그리고 하인은 더 강한 자를 존중할 뿐이다.

　　신에게 양심을 거는 자,

　　　오직 그자들만 스스로 진실하게 존재한다.

과두정치를 끝내기 위해

94개의 높은 계단 위에서 내가 여러분에게 말씀드리오니, 내 긴 인생은 우리가 노력하면 성공할 수 있다는 증거를 내게 가져다주었다. 우리는 파시즘, 스탈린주의가 몰락하는 것을 보았으며, 아파르트헤이트(인종차별 정책)가 무너지고 수많은 민족들이 식민통치에서 해방되는 것을 보았다. 우리는 민주주의가 승리하는 것을 보았다.

민주주의는 정확히 무엇으로 구성되는가? 처칠식으로 다시 말해보자. "민주주의는 지금까지 실시된 다른 모든 정치체제를 제외하면 최악의 정치체제"이다. 아리스토텔레스의 말을 떠올려보자. "다른 정치체제들은 독재와 '자발적 복종'에 의해 권력이 강화된다. 과두정치는 아마도 가장 뛰어난 몇몇 소수가 권력을 나눠 가지며, 이들이 모든 특권을 누린다." 반면 민주주의는 국민에 의한 국민을 위한 권력이다.

그런데 이 단어들에는 뭔가 모호한 구석이 있다. 국민이란 무엇인가? 권력이란 무엇인가? 또 군주가 아닌, 국민의 '멘토'인 지도자는 무엇을 하는 사람인가?

이런 지도자는 분명히 존재한다. 그것에 대해서는 의심하지 말자. 기독교인들은 이렇게 말한다. "신은 존재한다. 나는 신을 만났다." 나는 신을 만나지는 못했다. 그러나 피에르 망데스 프랑스, 미하일 고르바초프, 넬슨 만델라를 만났다. 또한 달라이 라마와 아웅 산 수 치도 만났다.

무엇보다 나는 프랭클린 루스벨트 옆에 머무르는 행운을 누렸다. 그가 온 정성을 기울인 유엔 헌장은 대서양 헌장에 나오는 네가지 자유에 기초하고 있다. 20세기에 설립된 가장 야심찬 기관의 토대가 된 이 문안은 민주주의의 근본적인 가치들에 대한 설명을 담고 있다. 이 헌장은 "우리 국민들은"이라는 표현으로 시작된다. 우리 시대에 처음으로 인간 개인의 권리들이 중심에 놓인 것이다. 분명한 것은 국민들의 권리를 존중하고 그것을 강화하는 것이 모든 유엔 회원국들의 프로그램으로 사용될 수 있었다는 것이다(오늘날 유엔 회원국은 193개국에 이른다). 마지막으로, 이 야심찬 표현은 본래 의미 그대로의 진정한 민주주의를 담고 있다.

그런데 여기서 말하는 것은 어떤 '민주주의'인가?

민주주의와 정치경제적 자유주의를 정의할 때 서양인들은 항상 덫에 빠진다. 동유럽에서 발전한 대중민주주의에 대한 거부감에 중점을 두려 하기 때문이다. 자유, 물론 우리는 자유를 지켜야하고 요구해야 하고 보존해야 한다. 특히 루스벨트와 처칠이 망망대해에서 온갖 이데올로기들이 충돌하는 가운데 합의를 끌어냈던 대서양 헌장에 나오는 유명한 네 가지 자유(표현의 자유, 신앙의 자유, 공포로부터의 자유, 결핍으로부터의 자유)는 더욱 그러하다.

특히 마지막에 언급된 결핍으로부터의 자유는 규제 없는 경제의 자유와 진정한 민주주의를 양립할 수 없게 만든다. 위의 네 가지 자유가 1945년 6월 샌프란시스코에서 채택된 유엔 헌장 서문에 그대로 인용되었다는 사실을 기억하자. 그 첫 문장은 "우리 국민들은"으로 시작하며, 우리가 받아들여야 할 정치체제로서의 민주주의를 정의한다.

그런데 이 대원칙의 상속자들은 오늘날 새로운 '샌프란시스코의 순간'을 필요로 한다. 그들은 결코 승리로 끝난 적이 없고 언제나 새롭게 다시 시작해야 하는 투쟁에서 어떤 방향을 취해야 할지 이해했기 때문이다. 가장 가난한 자들을 불행에서 빠져나오게 하고, 그들이 누릴 수 있는 권리만큼 지녀야 할 책임에 대해 인식하는 '시민'이 되도록 이끌어야 한다는 사실을 깨달은 것이다. 다시 말해, 진정한 자유민주주의는 가난을 줄이는 데 모든 노력을 집중해야 한다.

사실 과두정치와 민주주의의 차이는 단지 '몇몇 소수'와 '모두'의 차이가 아니다. 오히려 '몇몇 특권층'과 '특권에서 소외된 자들'의 차이라고 보는 것이 더 정확하다. 특권에서 소외된 자들이 행복한 국민이 되게 하는 것, 바로 그것이 민주주의가 기울여야 할 노력이며, 요즘 더이상 행해지지 않는 노력이기도 하다. 이런 관점에서 대중민주주의에 대한 모든 비판은 매우 유효하다. 그러므로 '민주주의'라는 개념을 하나의 프로그램으로 제시해야 한다.

텍스트의 의미가 유효하다면, 확증된 사실로서가 아니라 하나의 프로그램으로서 유효하다. 세계인권선언문은 하나의 프로그램이다. 확고한 민주주의자에게는 단 하나의 프로그램이 있다. 그것은 자유와 권리와 평등의 이름으로 모든 사람에게 동등한 권리를 제공하기 위한 프로그램이다. 달리 말하면, 특권에서 소외된 계층들을 그들이 처한 상황에서 끌어내기 위해 직접적으로 노력해야 하는 것이다. 이러한 생각은 어떤 측면에서 발터 벤야민을 떠올리게 한다. 벤야민은 사회에서 버려진 사람들, 노예, 그리고 그들이 지속적으로 요구해온 것들의 역사야말로 진정한 역사라고 말했다.

우리가 행하고자 하는 민주주의란 무엇인가 하는 질문 그리고 민주적 체제의 본질은 무엇인가 하는 질문은 매우 중요하다. 우리는 이렇게 질문해야 한다. "민주주의의 정확한 의미는 대체 무엇인가?" 진정한 민주주의자는 최대 다수가 최고 수준의 교육과 건강, 주거 환경을 누리는 데 초점을 맞추고, 그것을 위해 모든 노력을 기울이는 사람이다.

페터 슬로터다이크는 한 인터뷰에서 민주주의 문제에 대해 이렇게 말한 바 있다. "문제는 사람들이 평등해지기보다 특혜를 누리기를 원한다는 것이다. 하찮은 평등에 대해서는 그 누구도 관심이 없다. 모든 사람에게 특혜를 줄 수 있는 기술을 발명한다면 완벽한 민주주의가 이루어질 것이다." 슬로터다이크의 정의는 재미있고 겉으로 보기에 역설적이다. 결국 특권이 극소수의 사람들에게만 제공되는 것이 아니라 모든 사람에게 열려 있어야 한다는 데 문제의 핵심이 있다.

과두정치의 정확한 의미는 무엇인가? 권력을 행사하고 그것에 책임을 지는 몇몇 사람들에게만 특권이 주어지는 정치체제이다. 그들이 책임을 진다면, 특권을 갖는 것도 좋다. 더 나아가 그들이 특권을 가져야 한다고까지 말할 수 있다. 그러나 정부가 안정적으로 유지되려면 지나친 특권은 금물이다. 아리스토텔레스는 시민 전체가 교육을 통해 일정한 권력을 갖게 되면 그들도 점진적으로 일정한 책임의 주체가 되며, 그로써 민주주의 프로그램이 실현된다고 말했다.

민주주의와 생태주의

프로그램의 개념으로 돌아오자. 민주주의는 자연 속에 완성된 상태로 존재하지 않는다. 절대 그렇지 않다. 민주주의는 노력을 기울여 실현해야 할 구체적인 이상향이다. 모든 사람에게 모든 기회를 제공한다는 야심을 가지고 그것을 실현하기 위해 애쓰다가 결국에는 전체주의자가 되어버린 사람들이 종종 있다. 어떻게 그런 일이 일어날 수 있으며, 그들이 왜 그런 덫에 빠지고 마는지를 분석하기 위해 우리는 한나 아렌트를 참고할 수 있다.

오늘날 우리에게는 특히 피하기 힘든 함정이 있다. 바로 보수적인 신자유주의의 함정이다. 밀턴 프리드먼 같은 경제학자들에 의해 고무된 '워싱턴 합의'라는 함정이다. 이들은 모든 것을 시장의 기능에 맡기자, 시장이 충분히 기능하므로 경제 발전을 위한 정부의 개입은 불필요하다. 이익을 발생시키고 재산을 축적하는 데 뛰어난 능력을 가진 자들이 자유롭게 행동하도록 내버려둔다면("부자가 되시오"라고 프랑수아 기조가 말한 것처럼) 만사가 형통할 것이다, 라고 주장했다. 그러나 물론 그렇지 않다. 모든 것이 나빠질 뿐이다. 최근에 닥쳐온 위기야말로 그 반박할 수 없는 증거이다.

오늘날 우리에게는 민주주의 외에 참여할 만한 또다른 프로그램이 있다. 바로 정치권력에 새로운 사명을 부여하는 것, 시장이 시민의 필요를 위해 기능하도록 임무를 부여하는 것이다. 정치권력이 추구하는 이해는, 전체주의가 되어버린 공산주의 이데올로기와 탐욕스러운 문어발이 되어버린 자유주의 이데올로기로부터 같은 거리에 위치해 있다. 그리고 이 둘 사이의 틈새는 권력욕과 소유욕이라는 두 개의 리비도, 즉 '독재'와 '탐욕'의 공격으로 약화되었다.

이 틈새는 우리 지구가 유지해야 할 자연스러운 균형에 산업사회가 입힌 심각한 피해들로 인해 더욱더 중요해졌다.

따라서 우리는 사회정의뿐 아니라 환경보존을 위해서도 노력하고 참여해야 한다. 마르크시즘과 자유주의의 합의구조 속에서, 균열은 부의 창조 위에 생겨나는 것이 아니라 부의 재분배에서 생겨난다. 오늘날 분명하게 말할 수 있는 한 가지는 무한생산시스템이 말 그대로 더이상 지지할 수 없는 것이 되어버렸다는 사실이다. 에드가 모랭의 책을 읽으면 우리가 한 가지 문제를 해결하지 않으면 나머지 한 가지 문제도 해결할 수 없다는 것을 이해하게 될 것이다. 민주주의 프로그램이 사회 불평등 문제와 환경파괴 문제에 반대하는 투쟁을 포괄한다면, 가난을 줄이는 일과 지구를 지키는 일에 대한 젊은이들의 역동적인 참여를 끌어내는 일이 더 쉬워질 것이다. 진정한 민주주의를 실현하기 위해, 사회주의자들과 생태주의자들이 이 두 가지 문제를 절대적인 상호의존의 관계로 이해하고 접근하기를 바랄 뿐이다.

법의 수호자는 이상의 수호자다

점점 더 분할되고 민족주의화하며 세분화되어가는 세계에서, 그리하여 유엔 같은 국제기구의 힘이 점점 더 먹히지 않는 지금 같은 시절에, 내가 국제법과 유엔의 역할에 이토록 큰 신념을 가진 것을 보고 놀랄 수도 있을 것이다. 그러나 이 신념은 내 역사적 경험에서 비롯되었다. 제2차세계대전을 경험한 사람들 그리고 인생에서 그와 비슷한 매우 고통스러운 경험을 한 사람들은 유엔 헌장이라는 혁명적이고 경이로운 글이 담고 있는 커다란 희망에 경의를 표하지 않을 수 없을 것이다.

이 헌장의 설계자인 루스벨트 대통령의 사고 또한 이같은 역사적 경험에 기초한다. 국가사회주의와 파시즘을 극복하고 이룩해낸 가치가 인류 보편의 기준이 되는 틀 안에서 인류 전체에 도움이 되도록 구현되지 않는다는 것은 상상할 수 없는 일이었다. 유엔은 혁신적인 틀이었다. 첫째, 유엔은 모든 국가뿐 아니라 모든 민족에 활짝 열려 있는 기관이다. 둘째, 유엔은 전쟁을 피하기 위해 만들어진 조직이다. 뿐만 아니라 유엔은 인간의 기본권을 우리가 만들고자 하는 새로운 세상의 가장 근본적인 가치로 삼았다.

유토피아적이라고? 순진하다고? 아니, 나는 오히려 그 반대라고 생각한다. 바로 여기에 인간사회 발전의 핵심이 존재한다고 본다. 느리고 실현되기 어렵지만, 유엔이라는 기구와 유엔 헌장이 제시하고 구현하는 인간사회의 청사진이 바로 이 생각 속에 담겨 있다. 이런 생각을 통해 또다른 10년으로 넘어가면서 민주주의가 점점 더 세상에 확산되고, 국제법을 통해 여러 가지 어려운 상황에 처한 사람들의 문제들은 해결하게 될 것이다.

내 친구들 중에는 현실주의자로서 너무 당연하다는 듯, 회의주의를 펼치는 이들이 많이 있다. 나는 그 친구들이 진정한 현실주의자가 되도록 안내하고 싶고, 다음의 사실을 인정하게 하고 싶다. 거대한 과업들이 이미 달성되지 않았는가? 의미 있는 진전들이 이미 상당히 이루어지지 않았는가? 우리는 매우 불완전한 이 국제기구를 통해 이미 우리가 생각했던 것보다 훨씬 더 중요한 일들을 많이 해냈다. 국제 항공, 통신, 의학, 노동, 교육, 과학, 문화 등에서 수많은 민간조직들을 만들어냈고, 그럼으로써 국제시민사회의 초석을 놓았다.

어느 날 레지스 드브레가 내가 앞서 언급한 자기 제어의 개념과 잘 어울리는 프로이트식 논리로 매우 흥미롭고 적확한 비교를 한 적이 있다. 그는 유엔을 일종의 '초자아'로 간주하자고 제안했다.

이 초자아는 각각의 국가공동체에서 무의식, 즉 '지배욕'과 공격충동을 지배한다. 자아는 국가 이익과 민족국가의 규범 속에서 구현될 것이다. 유엔이라는 국제적 초자아는 세계 곳곳에서 일어날 수 있는 마그마의 분출을 바로잡는 일종의 법정, 혹은 도덕적 검열장치의 역할을 할 것이다. 여기에 사용된 메타포들은 유쾌하다. 이 메타포들은 세계인권선언문을 이상적인 규범으로, 유엔을 집단 무의식이 가져온 일종의 자책감으로 본다.

나는 이런 방식으로 질문을 던지는 것을 아주 좋아한다. 길들여지지 않은 우리의 오래된 야만의 근본을 문명화하는 역할을 담당하는 기관으로서의 유엔. 이런 초자아의 이미지는 유엔에 완벽하게 들어맞는다. 나는 무의식과 초자아 사이에는 우리가 현실에서 행하는 거대한 영역이 있다는 사실을 덧붙이고 싶다. 그리고 국제적 초자아인 유엔에 의해 구현된 집단적 자책감으로 인해, 유엔에 영향받지 않고 행동하는 것은 매우 어렵다. 심지어는 깡패 같은 조지 부시조차도 바그다드를 공격하기 전, 마지막 순간까지 유엔안전보장이사회의 인준을 통해 자신의 정당성을 인정받고 싶어했다.

유엔 헌장 같은 문서들은 완벽하게 존중받지는 못하더라도, 그 존재만으로도 우리의 행동에 일정한 영향력을 미친다. 소위 '현실주의자'들이 생각하는 것과는 정반대로, 한 국가의 통치권과 경제적 이해만이 그들을 규정하는 것은 아니다.

현실은 초자아에 영향을 받는다. 나는 오래 산 덕분에 이런 시각을 가질 수 있게 되었다. 나는 94년 동안 살면서 세상이 변모하는 것을 지켜보았다. 모습뿐만 아니라 그 정신까지도. 물론 전쟁들이 힘의 역학관계를 바꾸어놓았지만, 유엔 헌장과 세계인권선언문 또한 우리의 정신적 윤곽을 변모시켰다.

나는 국제적 분쟁 해결기관 같은 매우 오래된 문제들에 대한 현재의 해답이 공상처럼 보일 수 있다는 것을 이해한다. 내가 태어났을 때, 심지어는 내가 스무 살, 혹은 마흔 살 때도 세계 모든 나라에 적용되는 국제원칙이라는 것은 공상처럼 보였다. 하지만 오늘날 그 모든 것이 실현되었다. 예를 들어 인권은 더이상 몇 가지 대원칙과 공식적 합의 차원에만 머물지 않는다. 유럽인권회의는 유럽 국가들의 인권 상황을 주시하면서 그들에게 인권보고서를 요구하기도 하며, 국제형사재판소는 피노체트, 밀로셰비치, 찰스 테일러* 같은 이들을 고발하기도 했다. 내가 보기에 유엔이라는 초자아는 그래도 우리가 흔히 생각하는 것보다는 자아(각 국가들)의 땅에 더 많이 침투해 있는 듯하다. 주로 국제관계에서 나타나는 슬픈 현실에서.

순진하다는 비난을 피하기 위해 다시 한 가지 덧붙이자면, 나

---

* Charles Taylor(1948~), 라이베리아의 전 대통령. 국제사법재판소는 시에라리온 내전 방조와 반인륜적 범죄 명목으로 그에게 징역 50년형을 선고했다.

는 주요 강대국들이 국제형사재판소에 서명도 비준도 하지 않았다는 사실을 잘 알고 있다. 미국은 외국에 거주하는 자국민이 외국에서 재판받는 것을 허용하지 않는다. 이스라엘과 중국도 그들의 자치권에 대해 미국과 같은 정의를 가지고 있다. 레지스 드브레는 이 점을 강조한다. 니체식 법률 읽기에는 위험이 도사리고 있다. 약한 자들은 전체를 통제하는 법을 원한다. 그러나 강한 자들은 법의 필요성은 인정하지만 그 법이 자신들에게 적용되는 것은 거부한다. 신보수주의자 로버트 케이건이 이라크 전쟁에 관해 쓴 에세이[20]가 성공을 거둔 이유도 바로 여기에 있다. 유럽 사람들이 그들의 이상향인 칸트식 사고 속에서 행동하도록 내버려두라. 그들은 역사에서 벗어났다.

프로이트, 니체, 그리고 여기에 굳이 의심의 철학의 대부를 한 명 더 불러들일 필요는 없을 듯하다. 레지스 드브레가 내게 상기시켜준, 인권의 철학에 가해진 또다른 비판이 있기는 하다. 마르크스는 그의 글 「유대인 문제」(1844)에서 인권은 인간으로부터 분리된 개인의 권리라고 설명한다. 다시 말해 그것은 부르주아의 이기주의에 대한 권리이며, 자신의 공동체로부터 분리된 인간, 자신의 과거, 계급, 나라로부터 분리된 인간의 개인적 이해관계에 따라 작동하는 권리라는 것이다. 마르크스에 따르면 인권은 세상을 중산계급화하는 이데올로기와 개인주의의 승리, 그리고 자연적, 사회적 환경에 관한 단기적인 이해관계를 반영한다.

그가 제기하는 의혹은 강력하고 비판은 설득력이 있다. 결국 인권이라는 것은 언젠가 개인주의의 확장을 위한 일종의 무기가 될 위험이 있는 건 아닐까? 그것은 시장을 통제하고 지배 이데올로기를 소유한 강한 자들의 이해를 돕는 이데올로기적 무기는 아닌가? 특정한 몇몇 상황에서 인권이 불편함을 불러일으켰다는 것을 부정하기는 어렵다. 과거에는 우월한 문명이라는 명목으로, 오늘날엔 양성평등과 소수자 보호라는 명목으로…… 인권이라는 보편적 가치는 인권이 지켜지지 않는 곳을 역사 바깥의 사회 혹은 역사에서 뒤처진 사회로 간주하면서, 이들을 힘으로 정복해 식민지화하는 것을 정당화하는 데 쉽게 활용되곤 했다.

이러한 역설, 이 명백한 모순, 앵글로색슨족이 흔히 말하는 이 '이중의 기준double standard'은 전형적이면서도 끔찍하다. 그러나 구별이 필요하다. 마르크스의 비판은 부분적으로만 옳다. 그의 비판은 부르주아 지배의 역사와 제국주의적 입장이라는 경험에 호소한다. 그의 비판은 인권의 개념 그리고 다른 역사적 형태들을 가능하게 하는 인권의 능력을 무효화하지 않는다. 본질적으로 한 인간의 인권은 사회적 영역과 민주적으로 운영된 공동체에서 그가 온전히 존중될 때만 의미를 가질 수 있다. 그리하여 결국 민주주의, 우리는 이 어려운 단어로 다시 돌아오고 만다. 민주주의를 온갖 종류의 소스에 버무리려고 할수록 민주주의라는 단어는 점점 더 어려워진다.

인권선언문으로 다시 돌아가자. 세계인권선언문은 서문에서부터 시민의 권리와 정치 경제 사회 문화적 권리들이 민주주의 체제에 의해 지켜져야 한다고 명시한다. 그러지 않는다면 사람들은 다시 한번 독재와 압제에 저항해야 할 것이다. 이것은 인권선언문이 '역사 바깥에서' 쓰이지 않았다는 분명한 증거이다. 당시 우리는 국가 간의 관계에서 국가통치권의 개념이 가져올 문제에 대해서도 알고 있었고, 마르크스가 규탄한, 부르주아 사회와 자유민주주의를 가장한 체제에서 나타나는 권력에 대한 의지와 지배에 대한 욕망의 위험성에 대해서도 인지하고 있었다.

나는 세계인권선언문과 그것이 함축한 모든 것이 아직 실현되지 못한 거대한 프로그램을 촉진할 거라는 완벽한 믿음을 갖고 있다. 언젠가는 그 프로그램이 실현되지 않겠는가?

움직이지 않는 것은

흩어지고

움직이는 것은

지속된다

사물의 덧없음에 대하여

후고 폰 호프만슈탈

나는 아직 그들의 숨결을 뺨에서 느낀다.
어떻게 된 일일까, 어떻게 그 가깝던 날들이
멀리 사라져버리고, 영원히, 다시는 돌아오지 않을까?

그 무엇도 완벽하게 만들어지지 않았다.
세상은 너무 자주 잔혹하게 만들어졌다. 우리는 단지 그 사실을 한탄
할 뿐.
모든 것은 꺼져버리고, 무無를 향해 돌진한다.

그리고 내 순수한 자아는 그 어떤 장애물도 마주치지 않고,
어린아이의 몸에서부터 지금까지 미끄러져왔다.
그리고 이제 염려되고, 낯설고, 말 못하는 한 마리 개처럼 존재한다.

백 년 전 수의壽衣 속에 있는 내 조상들이,

내 머리카락만큼이나 나와 밀접히 연결되어 있음을
나는 경험했다.

그들은 내 머리카락만큼이나 나와 함께 있다.

이상을 요구하라

내가 현실세계와는 동떨어진 꿈을 꾸며, 인간사회가 운용되는 방식에 근본적인 변화가 일어나기를 기대하는 이상주의자처럼 보일 수도 있다. 그러나 현재 매우 허황된 꿈처럼 보이는 것들이 반드시 믿을 수 없고, 다다를 수 없는 것이라고 규정할 수는 없다.

진정한 현실주의는 사람들로 하여금 가능한 행동을 실행하게 하는 것이지, 정해진 한계를 체념으로 받아들이는 것이 아니다. 바로 이것이 내가 오늘을 사는 세대와 앞으로 다가올 내일의 세대를 향해 온 힘을 다해 전하고 싶은 메시지의 핵심이다. 우리가 살고 있는 지구는 아직 자신의 존재를 완전히 드러내지 않았고, 우리의 뇌 역시 아직 그 잠재력을 완전히 드러내지 않았다. 진화의 길은 우리 앞에 여전히 길게 놓여 있다. 내 친구 에드가 모랭이 한 말을 다시 인용하고 싶다. "완전히 탈바꿈하는 것은 가능하다. 어느 날 애벌레에서 나비가 나오는 것처럼." 그렇다면 우리는 한 마리 애벌레처럼 어느 날 도래할 나비의 강림을 기도하듯 막연히 바라고 있어야만 할까? 아니면 애벌레가 나비로 탈바꿈할 수 있도록 진정한 진화의 길을 찾으려 노력해야 할까?

유토피아적이고 허황되고 잃어버린 이상향처럼 보인 것들이, 어느 날 현실이 될 수도 있다. 페미니스트들은 전통에 대항하여, 사회가 여성에게 강요하는 모습, 남성우월주의에 젖은 모든 문화, 생물학적 한계 등에 부딪히며 오랫동안 싸워왔다. 그러면서 실질적인 성과들을 얻어냈다. 그들이 지나온 길과 앞으로 나아가야 할 길을 헤아려보자.

자연 상태, 국가의 본질—세계화와 자유

계몽주의 시대의 빛은 불행하게도 약간 희미해졌다. 서로 다른 형태의 지식과 기술을 연결하고, 정신의 진보와 정치, 사회적 진보를 연결했던 계몽주의는 멋진 사상이었다. 이마누엘 칸트가 남긴 『계몽주의란 무엇인가』는 인류의 집단적 진보에 관한 가장 아름답고 의미 있는 글 중 하나다. 그러나 나는 레지스 드브레 같은 비판적 사상가들의 망설임도 이해한다. 이들은 사람들의 집단에는 상대적으로 변하지 않는 안정적인 법들이 존재하고, 그 집단은 서로 넘어설 수 없는 자연 상태 안에 존재하며, 모든 정치적 가치와 경계를 이 자연 상태에서 끌어낼 수 있다고 여긴다.

그러나 한 집단의 내부로부터 진보가 가능하다는 것을 인정한 사람들도 이같은 사상가들이다. 예를 들어 민족주의 국가라는 틀에서 법과 민주주의를 건설하는 것은 한 집단의 내부라는 범주를 초월하는 일이다. 그들의 법과 민주주의가 국경을 넘어 국제적인 범주로 확장될 때, 그들은 이상주의와 현실주의의 오래된 경계를 다시 주목하게 된다.

초월은 일정한 국가공동체 안에서만 가능하다. 인권선언을 하려면 우선 법치국가가 있어야 한다. 법치국가란 법을 준수하는 국가다. 그러나 모든 것의 열쇠를 국가가 쥔 이같은 접근방식 속에서 우리는 오늘날 국가의 역할을 무력화하려는 세계화의 행태를 걱정할 수밖에 없다. 규범을 생산하는 자(정부)와 그에 대한 존중을 보증하는 자(경찰, 사법부)가 사라지면, 사람들의 권리는 어찌되겠는가.

우리가 인권의 이름으로 국가의 주권을 방어해야 하는 걸까? 여기서 발견되는 역설은 겉으로 드러나는 문제만이 아니다. 내 먼 기억 속에 남아 있는 헤겔은 나의 젊은 시절을 가장 강렬하게 압도했던 철학자였다. 나는 헤겔의 철학을 항상 더 많은 자유를 향해 나아가는 역사적 흐름의 표현으로 읽었다. 노예들은 주인들을 넘어서고, 결국 자유를 얻어낸다. 그들의 투쟁은 민주적인 정부가 들어설 때까지 그렇게 계속되는 것이다. 요약해서 말하자면, 법치국가는 자유를 향한 모험의 종착점이다. 개인의 자유는 결국 법치국가라는 틀 안에서 존중되기 때문이다. 그러나 국제적인 범주에서는 이러한 균형이 전복되고 만다. 각각의 정부는 다른 섬들 사이에 떠 있는 하나의 섬이기 때문이다. 자신의 집에서는 주인이지만, 다른 곳에서 일어나는 일에 대해서는 무관심하다. 이는 "국가들은 자국의 법을 존중할 책임이 있다"는 베스트팔렌 조약의 유산이다.

그렇다면 그들의 법에는 어떤 보편성이 남아 있는 걸까? 여기서 쟁점은 보편성이 국가들 간의 호전적이고 야만적인 경쟁을 이겨내는가 하는 것이다. 20세기에 일어난 전쟁과 엄청난 파괴는 국제적인 통제의 필요성에 대한 문제를 제기했다. 그렇다면 우리는 국제적으로 법이 존중받도록 세계정부를 세워야 하는 걸까?

현실을 직시하자. 민족국가 모델(문화적 단위, 민주주의 방식에서)은 적합하지 않다. 아니, 더이상 적합하지 않다. 나는 오래전부터 국가들의 공존을 전제로 세계정부의 현실적인 요소들을 고려해야 한다고 생각해온 사람 중 하나다. 자신들의 권리와 민주주의적 책임을 지키는 동시에 근본적인 가치들이 세계 곳곳에서 지켜지게 하는 방식 말이다…… 그런 공동의 정부를 만드는 것이 어려울까?

물론이다. 불가능할까? 결코 그렇지는 않다. 자신의 영토 내에서는 헤겔의 방식을 취했는데, 국제무대에서는 여전히 홉스의 방식에 머물러 있을 이유가 없다.

내가 앞서 언급한 이스라엘과 팔레스타인 문제에서도 한편에는 강력한 힘을 발휘하지 못하는 법이 있고, 다른 한편에는 정의를 실현하지 못하는 법이 있다. 이스라엘의 군사, 경제, 정치적 주도권은 공정한 상황을 만들어내지 못한다. 반면 팔레스타인의 권리는 국제법의 지지를 받고 있지만, 매우 추상적이고 모든 사람들에게 조롱을 받으며, 그들이 전하는 메시지는 반유대주의 선동으로 간주된다. 이 둘 사이엔 막다른 골목만이 있을 뿐이다.

이런 현상이 벌어지는 것은 자신들만은 공동의 규칙에서 벗어나도 된다고 자부할 만큼 강력한 나라들이 존재하기 때문이다. 우리는 늘 그런 나라들로 미국과 이스라엘을 꼽지만, 여기에 모로코를 덧붙일 수 있다. 서(西)사하라와 분쟁중인 모로코는 이스라엘이 팔레스타인에 그러하듯 고집을 부리며 불공정한 태도를 취한다. 실패한 이 두 가지 사례의 공통점은 이들이 법을 제대로 지키는지 감시하는 역할을 맡은 '국제공동체'가 취한 입장이다. 국제공동체를 구성하는 나라들이 분쟁 해결의 기본적인 토대로 삼아야 할 국제법에 서명했고, 그 국제법이 담고 있는 원칙의 보증인들임에도 불구하고, 국제법이 잘 지켜지는지, 잘 적용되는지보다 자국의 이해관계에 관심이 더 컸던 것이다.

그렇지만 힘을 동반하지 않은 국제법이 아무런 효력을 발휘하지 못하는 것을 보더라도, 나는 '역시 힘이 모든 것을 결정하는구나' 하는 결론에 이르지는 않는다. 힘 있는 국가들이 과도한 특권을 누리고, 책임을 제대로 이행하지 못하며, 근본적인 자유를 보장하지도, 자유를 누리게 하는 틀도 구성하지 못하는 모습을 볼 때, 내가 내리는 결론은 우리가 아직 국가통치권을 제대로 제한할 방법을 찾아내지 못했구나 하는 것이다. 알제리 전쟁의 경우 이런 진보적인 의식화가 천천히, 서투르지만 명백하게 진행되면서 정전을 요구하는 압력을 형성했고, 결국 드골 장군이 식민지를 포기하는 쪽으로 결론을 내리도록 유도했다.

그러나 불행하게도 이스라엘이나 모로코에는 이러한 힘이 부족하다. 그러면 우리는 어떻게 외부에서 그들을 움직일 수 있을까? 이를 위해 나는 팔레스타인을 위한 러셀법정*에서 대부 노릇을 하고 있다. 물론 이것은 매우 상징적인 의미에서의 행동이다. 러셀법정은 경찰도 아니고, 정책을 실행하게 하는 행정기관도 아니다. 러셀법정은 사람들의 의식을 조금씩 이끌어내 해결할 수 없

---

* 미국이 베트남에서 벌인 전쟁범죄를 국제법에 의거해 규탄하고 심판하기 위해 영국의 철학자 버트런드 러셀이 발족한 법정. 이후 각국의 인권운동가, 평화운동가 들이 모여 세계의 부당한 폭력과 인권 침해를 고발하는 곳으로 발전했다.

는 것처럼 보이는 문제들을 점차 해결 가능한 것으로 만들어보려는 여러 가지 움직임 중 하나다. 우리는 팔레스타인을 위한 러셀법정의 구성원들이나 지난 세기에 베트남을 위해 함께 싸운 사람들처럼 확고한 신념과 뚜렷한 입장을 가진 사람들, 도무지 참을 수 없고 받아들일 수도 없는 난폭함을 고발하는 글들의 도움을 받아 우리의 이상을 진전시킬 수 있다.

나는 이상주의가 우리의 행동에 분명한 영향력을 행사한다는 생각으로 다시 돌아온다. 이상을 품고 있는 한 우리는 조금씩 변모할 수 있으며, 이상으로 인해 본질적으로 실존적인 우리의 모습으로부터 달라질 수 있다. 실존적으로 볼 때 우리는 보수적인 욕망에서 벗어나기 힘들다. 어쩌면 우리를 일으켜세워줄지도 모르는 무엇을 의심하도록 부추기는 그 충동을 걷어내지 못한다. 그러나 나는 이상을 요구하는 행동이 가장 깊은 잠에 빠져 있는 사람들조차 흔들어 깨우고, 역동적인 운동으로 나아갈 수 있게 한다는 사실을 굳게 믿는다.

세계의 초월성—지구에 대한 어떤 생각

이제 나는 슬로터다이크 같은 독일 철학자에게 말을 건넨다. 헤겔, 피히테 그리고 다른 철학자을 덮고 있는 하이델베르크의 그늘 아래 '철학자의 길'을 평온하게 걸으면서, 나는 200년 전 역사의 책략, 노동의 변증법, 그의 정신과 저서들에 대해 생각한다.

철학은 내 모든 경험들을 끌어안도록 도와줌으로써 나를 사로 잡는다. 내 경험들로부터 좀더 종합적인 시각을 이끌어내고자 할 때, 나는 철학을 필요로 한다. 카뮈는 이렇게 말했다. "이해한다는 것은 통합한다는 것이다." 세상에 태어난 '나'라는 존재와 내 영혼을 만들어낸 내 삶의 방식에는 뭔가 결론적으로 말할 것이 있지 않겠는가. 우리가 살아오고 행동하고 참여한 것들에 전혀 영향을 받지 않은 채 타고난 그대로 머무른다면, 내면적으로 성장하지 못하고 그 어떤 교훈도 얻지 못한다면, 그런 인생은 다소 낭비가 아닐까.

나는 우리가 진실을 인식할 때 현상학이 단순히 유물론적으로 험난한 현실만 보기보다는, 주위에서 일어나는 일들의 '핵심'을 분석해야 한다는 사실을 이해시키는 데 큰 역할을 했다고 믿는다. 이 핵심은 개개인에게 의미를 부여할 뿐 아니라, 현상 그 자체와 공존한다. 구체적으로 말하자면, 석유를 둘러싸고 벌어지는 현상은 석유를 이용해야 하는 모든 사람들에게 본질적으로 똑같다. 본질적인 차원으로 들어가면, 우리는 더는 개별적인 존재가 아니다. 모든 문명은 바로 이 지점에서부터 진화해왔다고 나는 생각한다.

문명의 진화 과정으로 잠시 돌아가보자. 폭력을 길들이는 긴 과정 속에서 종교적인 것이든 비종교적인 것이든 공적인 도덕률이 정착하면서, 인간사회는 상당수의 불필요한 폭력을 점진적으로 종결시켜왔다. 그러나 이런 과정이 일정한 공동체와 사회 안에만 머물고 있다는 한계가 있다. 폭력성을 길들여온 이 문명이 서로 다른 수많은 공동체들과 공존하는 가운데, 서로 다르지만 동시에 서로의 방식이 정당하고 유효하다고 인정할 수 있게 되는 날이 언젠가는 도래할 것이다.

그런데 무엇이 세계적인 도덕률이 될 수 있을까? 전 지구적 생태주의?

장클로드 카리에르는 인류학자이자 여행작가 그리고 불교 신자로서의 자신의 사고를 상호의존의 개념으로 통합함으로써 나를 그의 생각에 동참하게 만들었다. 문제는 우리의 서구적인 사고방식이 무엇인가를 이해하고 통합하기보다는 먼저 분석하고 구분하기에 바쁘다는 사실이다(그의 생각은 틀리지 않았다). 우리는 그런 서구사회에 살고 있다. 모든 것을 상자 안에, 작은 서랍 안에 담아 서로 분리하는 이 세상에.

게다가 에드가 모랭은 서구식 교육방법을 끊임없이 꾸짖는다. 서구식 교육방법이 모든 지식에 대해 거의 자동적으로 칸막이를 치고, 그럼으로써 생각의 흐름을 방해하는 경향에 대해 문제를 제기한다. 또한 장클로드 카리에르는 유명한 철학적 원리인 '중간 배척의 원리tiers exclu'를 상기시킨다. 이 원리는 하나의 사물은 이러하거나 저러하다, 제3의 가능성은 없다는 것이다. 페터 슬로터다이크는 이런 이원론적 논리에 대해 이미 길게 비판한 바 있고, 그의 저서 『존재의 길들임』[21]에서 이 이론을 여지없이 분쇄한 바 있다. 그러므로 나는 완전한 연속성 속에 있음을 느낀다.

아시아적 전통으로 다시 돌아가보자. 아시아적 전통에서는 비단 불교적 전통이 아니더라도 서구식 구분과는 완벽하게 반대되는 방식으로 사고하고 말하는 것을 볼 수 있다. 하나의 사물은 이것인 동시에 저것이다. 모든 생명에는 삶과 죽음이 있으며, 음陰 속에는 양陽이 동시에 들어 있다. 또 우리가 입고 있는 옷도 식물로부터 온 것이 있는가 하면, 동물로부터 온 것도 있다. 이 밖에도 내가 모르는 많은 것이 있을 것이며, 이것들 중 그 무엇도 독자적으로 분리해낼 수는 없다. 만약 우리가 현실의 여러 원소들을 독자적으로 분리해내고자 한다면, 우리는 곧 길을 잃고 헤매게 될 것이다.

달라이 라마에게 그가 한 번도 보편적 정의를 내린 적 없는 단어 '생태주의'에 대해 이야기하면, 그는 매우 놀란 얼굴로 얼굴에 웃음을 가득 띠며 이렇게 대답한다. "당신들은 생태주의를 30년 전에 발견했단 말인가요? 정말 놀라운 일이군요. 우리는 2500년 전부터 모든 면에서 생태주의로 살고 있거든요." 그리고 불교에서 많이 쓰는 바퀴 이미지를 예로 들면서 덧붙인다. "당신들이 이 바퀴의 중심이라고 생각하나요? 그러나 이 바퀴에는 중심이 없습니다. 우주는 무엇을 중심으로 돌아가지 않습니다. 중심축이라는 건 없습니다. 중앙이 따로 있지 않고, 주변도 따로 없죠."

그럼에도 불구하고 지구는 돈다! 우리 각자는 끊임없이 굴러가는 지구라는 바퀴의 살 중 하나다. 하나의 특별한 바퀴살, 다른 이들보다 훨씬 강력한 힘을 지닌 바퀴살. 이 바퀴살은 자연의 균형을 깨뜨릴 수 있는 능력을 지녔고, 이 세상이 돌아가게 하는 조화로운 역동성을 무력화할 만한 파괴력을 지녔다. 우리는 세상을 굴러가게 하는 모든 바퀴살 가운데 다른 바퀴살들을 제거할 수 있는 유일한 바퀴살이다.

장클로드 카리에르와 달라이 라마의 이야기를 듣다보니, 아주 단순한 역사적 현실 하나를 환기할 필요가 있어 보인다. 우리가 전체의 균형, 즉 생태적 상호의존성을 파괴할 수 있는 대단한 능력을 가졌다는 자각이 이런 균형이 명백하게 위협당한 이후에야 갑작스럽게 대두됐다는 사실이다.

1970년대에 세계라는 바퀴의 단 하나의 살에 의해 심각한 수준의 파괴가 가시화되기 시작했다. 우리가 모든 것을 파괴하고 있거나 심각한 피해를 입히고 있다는 자각이 이때 시작되지 않았다면, 우리는 계속해서 자신이 바퀴의 중심축인 양 행동했을 것이다.

그렇게 해서 서구에는 최근에야 생태에 각별한 주의를 기울이는 경향이 생겨나기 시작했다. 동양 사람이나 불교도들에게는 생태주의가 삶에서 떼어낼 수 없는 영속적인 태도였던 반면, 서양인들에게는 우리를 둘러싼 자연환경 혹은 환경 전체와의 상호의존이 필요하다는 역사적 자각을 통해 생태주의가 생겨났다. 나는 이러한 자각이 끝없이 확대되기를 바란다. 이런 의식은 더욱 명확해질 수 있으며, 일종의 깨달음에 다다를 수 있다. 그렇게 되면 우리는 더이상 뭔가를 파괴할 필요가 없게 될 것이며 모두와 함께할 것이다.

세상이라는 바퀴에서의 개인과 군중

전반적 자각이라는 하나의 가능성에 다다르는 길에서 주된 장애물은 힌두교에서 '보편적 시각'이라고 부르는 자아이다. 이 자아를 사라지게 해야 한다. 단순하면서도 별것 아닌 이 어려움을 지적한 사람은 장클로드 카리에르이다. 우리가 이 문제에 대해 불교 신자들에게 도움을 청할 때 그들이 우리에게 환기하는 또다른 개념은 비영속성이다. 이것은 그 무엇도 오랜 시간의 흐름 속에서 그대로 머물러 있지 않는다는 개념이다. 그 무엇도 영원히 지속될 거라고 확신할 수 없다. 우리 자신을 포함하여 모든 것이 지나간다. "우리는 결코 같은 강물에서 멱을 감지 않을" 뿐 아니라, "멱을 감는 사람들 또한 결코 같은 사람들이 아니다". 우리 스스로 변해가기 때문이다. 이로써 장클로드 카리에르는 파르메니데스의 사상을 완성시켰다. 이제 고리가 채워진 것 같다.

서구사회는 분명 자아의 개념에 끊임없이 집착하고 있다. 서점에 가서 서가를 둘러보면 자아를 다루는 정신분석가, 심리학자, 작가 들의 책이 수없이 많이 꽂혀 있다. 그런데 수차례에 걸쳐 달라이 라마를 만난 장클로드 카리에르의 말에 따르면, 달라이 라마는 만날 때마다 매우 지적이고 여유로우며 미소가 가득하지만, 놀랍게도 그의 자아를 파악하는 것은 도무지 불가능하다는 느낌이 든다는 것이다. 그저 "여기에 그가 있다"고 말할 수 있을 뿐, 그 자신은 그를 둘러싼 모든 것에 용해되어버린 듯하다고 한다. 이것은 다다르기 매우 어려운 경지이다. 달라이 라마가 도달한 이 경지는 이런저런 소유를 포기하는 것뿐 아니라, 행복을 위해 필요한 애착마저도 내려놓아야 이를 수 있는 경지이다. 바로 이 지점에서 서구인들은 상호의존에 도달하기 위해 거쳐야 하는 사물의 비영속성에 대한 이해에 어려움을 겪는다.

이 개념을 설명하기 위해 장클로드 카리에르는 시바교의 성가로 쓰이는 서기 5세기 혹은 6세기의 아름다운 시 한 구절을 인용한다. "움직이지 않는 것은 흩어지고 움직이는 것은 지속된다." 내부에서 움직임이 이는 것은 장점이다. 그리고 이 움직임은 지속된다. 움직이지 않는 것, 우리가 견고하고 지속적이라고 생각하는 모든 것은 결국 흩어져버린다.

서구인들은 목표, 목적이라는 사고에 묶여 있다. 우리의 역사는 단선적이다. 우리의 종교는 세상의 종말 혹은 메시아의 귀환을 기다리거나 성장을 기다린다. 이 또한 하나의 선이다. 우리는 항상 어떤 목표에 다다르고자 애쓴다.

그렇다면 대체 무엇에 다다를 것인가? 이 질문을 통해 참여의 문제가 또다른 방식으로 제기될 것이다. 만약 모든 것이 늘 완벽하다면, 그리고 내가 어떤 문제에 대한 의견이나 시각을 제시하자마자 비영속성이 그것을 유효하지 않은 것으로 만들어버린다면, 어떻게 경제 위기나 한 나라의 독립, 독재에 신음하는 어느 민족의 문제 같은 사안에 집중할 수 있겠는가? 어떻게 우리의 에너지를 이런 문제들에 집중시킬 수 있겠는가?

에른스트 윙거는 저서 『반란의 조약』[22]에서 고통받는 세계 속에서는 개인의 평정이 유지될 수 없다고 주장했다. 형제가 아래층에서 참혹한 고문을 당하고 있는데, 바로 위층에서 요가 강좌를 열 수는 없는 것이다. 장클로드 카리에르 역시 이런 질문을 던진다. 행동하려 한다면 매우 구체적이어야 한다. 우리가 가진 모든 힘을 집중시켜야 하고, 자기 자신이 되어야 하며, 논리를 발전시켜야 한다. 의지를 행동으로 끌어내기 위해 분노가 필요하고, 의식을 평정해야 한다. 그런데 서로 모순되어 보이는 이 두 가지 명령을 어떻게 조화시킬 수 있을까?

내가 생각하기에 그 방법은 분명히 존재한다. 나는 본디 잘 굴러가지 않는 세상 속에서 우리가 해야 할 일들이 있다는 생각을 매우 강력하게 가지고 있다. 스스로 평정심을 획득하고 거기서부터 출발한다면, 우리는 세상에 꼭 필요하며, 이 순간 우리에게 요구되는 일들을 모든 에너지를 동원해 해낼 수 있다는 생각이 들 것이다. 그렇게 행동을 완수한 후에는 비로소 확신을 갖게 된다.

따라서 우리는 이런 균형을 잃게 하는 그 어떤 일도 해서는 안 된다. 바로 여기서 비폭력, 대화, 협상의 필요성이 대두된다. 티베트인들의 정신적 지도자로서 달라이 라마가 보여준 행동은 이런 실천의 매우 적절한 사례이다. 달라이 라마는 상당히 오래전부터 티베트인들이 중국인들을 향한 그 어떤 테러 행위도 저지르지 않도록 티베트인들을 이끌어왔다. 그는 티베트에서 비폭력 저항을 유지시킨 거의 유일한 지도자이다. 티베트 내의 활동가 그룹들이 매우 헛된 자해의 방식으로 중국 당국에 적대감을 드러내고자 했음에도 그런 놀라운 자세를 지켜왔다. 달라이 라마는 그들의 태도를 누그러뜨리는 데 성공했고, 심지어 중국인들을 위해 기도한다고까지 말한다. 그는 중국인들에게도 좋은 점이 있다고 늘 말한다. 아마도 그는 이 주제에 있어 우리가 '모범 사례'라고 부를 만한 흔적을 남기게 될 것이다. 개인적으로 나는 지난 2011년 8월 13일 툴루즈에서 그를 만나 선한 의지를 가진 사람들끼리 의견을 나누는 기쁨을 누렸다.

국가 간의 조화와 질서

결국 헤라클레이토스로부터 파르메니데스, 달라이 라마까지 살펴보면, 서로 맞서 으르렁거리는 나라들 간의 정치가 놀랍도록 불충분하다는 사실을 깨닫게 된다. 서로 날카롭게 대면하는 경제, 금융 분야의 강대국들 사이에서도 마찬가지의 모습을 볼 수 있다. 표면적으로는 금융 분야의 세계화에 대한 이런저런 담론들이 있어 왔지만, 세계경제를 통합하려는 진정한 노력은 결코 존재하지 않았다.

예를 들어 다보스 포럼 같은 곳에서 이 분야의 거물들이 만나는 모습을 상상할 수 있다. 안 될 것이 뭐가 있겠는가? 다 같이 만나서 공통의 규칙에 대한 서로의 의지를 교환하고, 자신들이 소유한 거대한 권력을 세계경제 시장을 조화롭게 조절하는 데 사용하는 것이다. 그리하여 무익한 경쟁을 피하고, 인류 공통의 자산을 구축하기 위해 노력한다. 우리는 이런 꿈을 꿀 수 있다. 그렇지 않은가?

　우리는 너무나 오랫동안 파괴적인 경쟁에 지배받아왔다. 특히 세계적인 과두정치라는 위선의 코미디에 의해. 다보스 포럼 혹은 다른 모임에서 만나는 권력자들은 이미 서로를 정반대편에 서게 했고, 서로의 해결할 수 없는 차이점을 잘 알고 있다. 예를 들면 지독히도 복잡하게 뒤얽힌 중동 지역(이스라엘–팔레스타인)에서의 갈등처럼. 이 싸움을 불교나 동양의 시각으로 보면, 우리는 놀라운 가르침을 깨닫게 된다. "내 적은 내 최고의 구루(정신적 지도자)이다." 이 말이 뜻하는 바는 내가 아무리 가차없이 상대방을 경멸할 수 있다 해도, 그에게도 분명 좋은 점과 정당한 구석이 있다는 뜻이다. 물론 이렇게 생각하기란 너무나 어려운 일이다. 우리는 언제나 지극히 제한된 수준의 정의에 매달리려 하기 때문이다. 적은 적이다. 그를 파괴하거나 아니면 굴복시켜야 한다. 이것 아니면 저것이다. 제3의 가능성은 없다. 그러나 내 적에게서 그가 내게 가져다줄 유익한 점들을 볼 때 비로소 우리는 진정한 해결책을 얻을 수 있다. 외교관들이 미처 알지 못했던 의미 있는 외교술이 바로 이것이다.

　나는 유엔을 전폭적으로 지지하며 우리가 지금까지는 유엔을 잘 활용하지 못했지만 사실 유엔은 경이로운 기구라고 말하곤 한다. 마치 우리가 완벽한 교향악단을 알고 있고, 그들이 베토벤의 5

번 교향곡을 훌륭하게 연주할 수 있다는 것을 알지만, 현재로서는 그들이 귀에 거슬리는 불협화음을 내고, 연주자들은 서로에게 "너는 내가 연주하는 음악과 다른 음악을 연주하잖아!"라고 고함을 지르는 형국이라고나 할까.

어찌되었든 이 멋진 교향악단을 악보도 지휘자도 없이 방치해두는 것은 얼마나 큰 낭비인가. 지금은 이토록 엉망이지만, 언젠가는 '같은 별 위에서 함께 살아가기'라는 문제가 잘 조절될 수 있을 것이다. 이 기구는 통찰력을 지닌 지휘자이고 악보는 법이며 음악은 국제법과 그것의 적용이라는 관점에서 본다면 말이다.

언젠가 장클로드 카리에르가 서구 정치운동사에 핵심적인 역할을 했던 책들을 독창적인 방법으로 다시 읽는 강독회에 나를 초대했다. 그날 읽은 루소의 『사회계약론』은 이런 문장으로 시작했다. "사람은 자유롭게 태어난다. 그러고는 곳곳에서 쇠사슬에 묶이고 만다." 아름답고 매우 영리한 문장이다. 그러나 그에 따르면 틀린 문장이다. 왜냐하면 인간은 결코 자유롭게 태어나지 않기 때문이다. 인간은 성(性)도, 출생지도, 대부분의 경우 종교도 마음대로 선택하지 못한다. 가족이나 유전자는 더더욱 선택의 요소가 아니다. 인간이 모든 것을 다 가지고 태어난다 해도 결코 자유롭게 태어나지는 않는다. 이 문장은 세계인권선언문에 채택될 때 이렇게 바뀌었다. "모든 인간은 태어날 때부터 법 앞에서 자유롭고 존엄하며 평등하다." 여기서 '법'이라는 단어는 필수적인 역할을 한다. 인간이 법 앞에서 자유롭고 평등하다는 것은, 다시 말하면 사실 인간은 본래 그렇지 못하다는 뜻이다. 이것이 바로 이 문장이 의미하는 바다. 그러므로 나의 친애하는 인권선언문은 하나의 의지를 담은 프로그램이지 현상에 대한 진단이 아니다.

사람들이 끈덕지게 꾸짖는 두 가지 용어도 들어보겠다. 그것은 바로 '이성'과 '의식'이다.

1948년에 우리가 작성한 이 프로그램에는 서문에서부터 인간의 자각, 명석한 통찰력과 책임감, 자기 제어 능력, 진실을 사랑하는 마음에 대한 호소가 담겨 있다. 각자의 개별적인 이성을 의식한다는 것은 칸트가 말한 것처럼 자신만의 법정에 스스로를 세우는 것과 같다. 오직 자각만이 합리적으로 행동하도록 이성에게 명할 수 있다.

그리고 우리에겐 그것이 매우 필요하다.

문명의 공존

한 집단의 전반적인 의식은 존엄성이라는 개념을 바탕으로 그려질 수 있다. 존엄성은 아주 구체적인 개념이며, 사람들의 현실적인 상황(공격받거나 모욕당하거나 무시당하지 않는 것)에 닻을 내리고 있기 때문이다. 영광의 순간을 누리거나 불행의 늪에 빠져 있을 때에도 한결같이 인간 존중이 세상 전체를 아우르는 태도가 되어야 한다. 에드가 모랭은 세계화의 긍정적인 측면에 대해 종종 이야기한다. 행복한 자유주의자들은 무조건 부인해왔지만, 세계화는 부인할 수 없는 수많은 부정적 효과를 가져왔고 몇 가지 긍정적 측면도 가져왔다. 신경이 날카로워진 주권주의자나 복수를 다짐하는 민족주의자, 편협한 좌파들은 탐탁지 않아하지만, 세계화 덕에 우리는 상호공존에 대한 의식을 갖게 되었다.

모랭은 의학 분야에서 서로 다른 사고방식이 서로를 풍요롭게 하면서 상호침투하는 현상을 예로 든다. 환경과 인간이 맺는 관계도 한 예가 될 수 있다. 앞에서 이미 언급한 것처럼, 자연과 균형 잡힌 관계를 맺어왔지만 근대성에 의해 삼켜진 문명이 세계적인 차원에서 자연에 대한 인간의 태도에 영감을 불어넣을 수 있다. 동양과 서양은 대화를 통해 만나야 한다. 더이상 지난 세기의 식민주의와 저항, 오리엔탈리즘을 둘러싸고 서로에 대한 환상을 키워갈 때가 아니다.

세상은 진화할 뿐이다. 그러므로 우리는 진화하는 이 세상이 문명의 공존이라는 방향으로 가도록 독려해야 한다. 각자 자신의 문화적, 역사적 경험에서 최선의 것을 제공해 타인의 좋지 않은 관습에 조화를 이뤄주고, 각자의 좋은 점들을 결합시켜야 한다. 현대문명의 긍정적인 측면은 양성평등, 민주주의, 개인의 자유이다. 전통 문명의 특성 중에서는 우리가 잃어버린 자연과의 관계, 우리 세대에 와서 급격히 쇠퇴한 연대감, 타인에 대한 존중 등을 다시 음미해볼 필요가 있다.

모든 것은 서로 연결되어 있음에도 불구하고, 정신과 물질 사이를 분리하는 논리가 그동안 서구사회의 모든 것을 지배해왔다. 그러므로 각각의 문명에서 좋은 것을 취하는 훈련을 통해 현대 서구사회의 특징이 되어버린 정신과 물질 사이의 분리를 극복해야 한다. 이것이 바로 에드가 모랭이 말하는 생각을 개혁한다는 것의 핵심이다. 우리가 브라질 원주민의 문명을 아무리 케케묵고 낡은 문명으로 판단한다 해도, 이런 문명은 연대감뿐만 아니라 세상과 자연에 대한 지식(이를테면 식물이나 동물의 가치 등)과 같은 분야에서도 소중한 시사점들을 전해준다. 상인들은 이미 이 사실을 간파했다. 그리하여 높은 이익을 얻기 위해 그런 지식들을 독점하려고 애쓰는 중이다. 그러나 정작 정치가들은 행보를 늦추고 있다. 여전히 서구중심주의의 오만함에 젖어 있기 때문이다.

다른 한편으로, 우리 자신의 문명이 지닌 미덕에 대해 알고 인정하는 것 역시 의미 있는 일이다. 예를 들어 서구적 전통, 특히 프랑스적 사고방식에서 명백히 드러나는 자기비판적인 합리주의 성향은 주목할 만하다. 우리는 몽테뉴와 몽테스키외 그리고 레비스트로스에게로 이어지는 모든 사유의 전통 속에서 그러한 성향을 찾아볼 수 있다. 이 자기비판적인 합리주의는 우리가 지키고 확대시켜야 할 보물이다. 먼저 우리가 지키고, 나아가 우리 밖으로까지 확대시켜야 한다.

오늘날 유럽에 확산된 다문화 공존주의의 위험성에 대한 토론들을 보면 문명 공존주의와 정반대 방향을 향하고 있다. 독일은 주도문화Leitkultur를 내세우고, 프랑스는 국가적 정체성을 내세우고, 핀란드, 덴마크, 스웨덴 등에서도 대중 정당들이 정체성을 내세우고 있다. 벨기에, 이탈리아, 오스트리아에서는 지역분리주의자들이 활개를 치고 있다. 그리고 미국에서는…… 마치 문화 혼합에 맞서 일반화된 모역謀逆에 참여하는 느낌이 든다. 세계화와 교환의 확산 그리고 사람과 생각의 순환은 어떤 면에서 보면 안티테제를 만들어냈다. 이것은 기뻐해야 할 일이 아니다.

문화는 다양성에서 탄생한다. 단일한 요소만 가진 문화는 존재하지 않는다. 만약 문화가 단 하나의 방식에 기초해 만들어진다면 그것은 속박일 것이다. 다문화 공존주의는 미국, 유럽 그리고 로마제국이 이뤄낸 것이다. 대륙 단위에서 몇 가지 사례를 찾아본 결과다. 카라칼라는 212년의 칙령을 통해 로마제국의 모든 주민들에게 로마 시민의 자격을 부여함으로써 모든 기본 문화들이 가진 탁월한 보편성의 힘을 매우 잘 보여주었다.

프랑스도 다양한 문화가 공존하는 모자이크에 불과하다. 프랑스 국왕들은 '우리 백성들'이라는 표현을 즐겨 썼다. 우리는 프랑스혁명과 공화국에 열광하면서부터 지역어를 제거하고 지역중심주의에 대항하면서, 이 큰 나라의 문화적 다양성을 수도의 정치적, 문화적 엘리트들의 문화로 국한하고, 지역문화는 다소 무시당하는 민속문화로 축소시켰다. 문화통합주의는 근대적 공권력에 의해 만들어진 개념으로, 민족국가들은 이 말을 통해 이를 악물고 다양성을 축소, 조절하려 했다. 심지어는 아예 없애버리려고까지 했다.

오늘날 우리는 똑같은 변증법적 논리를 목격한다. 세상 모든 사람들을 통합하는 세계화된 문화는 독창성과 지역의 특성을 간직한 지역자치주의를 차단하려 한다. 세계평화라는 아기를 세계화라는 목욕물과 함께 던져버리는 한이 있더라도 말이다. 그리고 다원적 문화주의에 대한 상반된 목소리가 들려오고 있다. 모든 문화권의 사람들이 언젠가는 정크푸드를 먹게 될 것임을 암시하는 맥도날드 편에 서 있는 사람들이 있고, 다른 한편에는 미키마우스에 맞서는 아스테릭스*가 있다.

---

* 프랑스 문화를 상징하는 대표적인 만화 캐릭터. 1959년 르네 고시니와 알베르 우데르조가 공동으로 창작했다. 로마제국의 지배를 받는 갈리아 마을에 사는 아스테릭스가 로마군들을 골탕 먹인다는 이야기를 담고 있다.

그러나 이 모든 현상을 좀더 자세히 들여다봐야 한다. 세계화된 문화는 디즈니와 코카콜라로만 함축되지는 않는다. 랩, 라이*, 재즈, 록 등의 음악은 이미 보편적인 세계문화가 되었다. 음악이라는 장르에서 일어나는 현상은 거대한 공존 체제 안에서 상호 간의 기여가 어떤 방식으로 이루어지는지를 잘 보여준다. 미국의 흑인음악인 재즈는 프랑스 생제르맹데프레의 지하 창고에서 발전하기 시작하여 로큰롤을 통해 미국 음악에 새로운 물줄기를 대고 있다. 소위 '일렉트로닉'이라 불리는 아프리카 음악이 최근 영웅적인 세계 투어를 이어가는 현상을 예로 들 수도 있다. 문화의 장점은 '여러 가지가 공존하고, 그러면서도 각자가 서로에게 혜택을 줄 수 있다'는 점이다.

이 주제와 관련하여 오늘날 유럽에서 일어나고 있는 현상은 하나의 질문을 던져준다. 유럽은 정의해야 할 수수께끼로 남아 있다. 유럽이라는 것은 단순히 지리적인 정의인가, 아니면 하나의 운명 공동체인가? 만약 하나의 운명 공동체라면, 문화적인 의미에서의 운명을 말해야 할 것이다. 유럽은 매우 긴 문화적 역사를 갖고 있기 때문이다. 그리스와 로마, 기독교, 중세, 르네상스, 계몽주의 시대, 그리고 20세기 말에 이르는 긴 시간 동안 유럽에서는 다양성

---

* 프랑스 태생 알제리인을 통해 전 세계에 널리 퍼진 아랍 음악. 알제리 양치기들의 민요에 기원을 두고 있다.

속에서 문화적 축적이 이루어질 수 있었다. 우리 모두가 유럽인이긴 하지만, 이를테면 그리스와 스웨덴 사이, 독일과 스페인 사이에는 차이가 존재한다. 각기 다른 이 모든 문화들이 각자 자신만의 풍요로움을 지닌 문화의 모자이크를 형성한다.

만일 우리 유럽인들이 이 세계에서 어떤 역할을 하고자 한다면, 우리 안에 이미 존재하는 문화적 다양성과 공존을 통해 할 수 있을 것이다. 같은 역할을 할 수 있는 또하나의 나라가 있다면, 그 나라는 중국도 인도도 아니고, 유럽인들이 원주민들을 야만적으로 쫓아낸 뒤 구성한 나라 미국일 것이다. 어쩌면 유럽과 미국의 관계 속에는 문화적 다양성이라는 공통 요소 때문에 뭔가 특별한 것이 존재하는지도 모르겠다.

이민은 현재 우리 사회가 안고 있는 문제들 가운데 가장 중요한 문제다. 프랑스에서 이민 문제는 점진적으로 악화되어왔다. 나는 수년 동안 이민자 문화진흥센터의 대표를 지냈다. 내가 한 일은 프랑스 영토에 포르투갈인, 이탈리아인, 스페인인, 모로코인, 튀니지인, 세네갈인을 비롯해 고유한 문화적 특징을 가진 수많은 민족들이 함께 어울려 살게 되어, 그 엄청난 문화적 다양성을 누리게 된 것이 얼마나 큰 행운인지를 프랑스인들에게 알리는 것이었다.

그 기관의 목표는 모든 방법을 동원해 이민자들이 고유의 문화를 잃지 않게 하는 것이었다. 그러면서도 동시에 '다른 사람들과 같은 프랑스인'이 되게 하는 것이었다. 그런데 베레모, 바게트, 포도주로 상징되는 판에 박힌 모습이 프랑스인이라고 믿는 것이 아니라면 '다른 사람들과 같은 프랑스인'이라는 것은, 결국 아무런 의미도 없는 말이다. 프랑스인이라는 것은 먼저 문화적 관습들을 공유하기에 앞서 하나의 정신 상태를 의미한다. 나는 그 기관의 부대표 이본 구겜하임과 함께 프랑스에 있었던 스페인 문화 혹은 베트남 문화를 이탈리아인들에게 알리는 작업을 시도했다. 그리고 베트남인들에게는 포르투갈 문화나 아랍 문화를 알렸다. 문화들을 서로 섞는 것, 서로 다른 감수성끼리 접속하는 것은 결국 프랑스 문화를 풍요롭게 만드는 일이었다. 그리고 그것이야말로 가장 큰 활력과 가장 풍성한 결과를 가져다주는 방법이었다.

프랑스에 사는 누군가를 프랑스 문화로부터, 즉 자신의 문화적 기원으로부터 빠져나오게 하는 것은 문제를 야기한다. 만일 그에게 터키 문화를 즐기게 하거나 포르투갈 문화를 맛보게 한다면, 그것은 더 어려운 문제가 될 것이다. 하지만 세네갈의 훌륭한 예술작품이 프랑스 지배계급뿐 아니라, 이탈리아, 스페인, 터키의 이민자들에게도 소개된다면, 그 작품은 모두를 풍요롭게 하는 보편적인 것이 된다.

여러 문화가 자신의 본질을 잃지 않기 위해 서로의 독창성—레지스 드브레라면 각각의 문화가 그 고유의 습성을 잃지 않을까 염려하여, 그들의 '국경' 안에 있는 '영토'라고 불렀을 것이다―을 존중하는 가운데 공존하며, 서로에게 스며들어간다는 사실을 기뻐해야 한다.

이것은 명백하고 자명한 사실처럼 보인다. 그러나 문화적 다양성은 정체성이라는 난감한 문제에 대한 해법이 될 수 있다. 빌리 브란트*는 문화 예산을 줄이는 것은 세상을 야만의 길로 인도하는 일이라고 강력하게 주장한 바 있다. 빌 클린턴은 한 발 더 나아가 "교육과 문화는 국가 안보의 문제다"라고 발언했다. 그러나 사실 클린턴은 에이브러햄 링컨의 전통을 재현했을 뿐이다.

하지만 미국이 그렇듯 유럽 국가들도 군대를 파견하는 데 더 많은 예산을 쓰려 한다. 그러나 나는 책에 대한 야심찬 정책이나 아랍, 아프리카의 나라들에 지식을 전파하고 문맹을 줄이는 일에 더 많은 예산을 투자할 때, 우리가 더 많은 것을 얻게 되리라고 생각한다. 그리고 나는 또 무엇을 말할 수 있을까.

---

* Willy Brandt(1913~1992), 독일의 정치가, 반反나치 운동가. 독소조약 체결 등 소련, 폴란드, 동독을 중심으로 '동방외교'를 추진하여 동서의 긴장 완화를 위해 노력했고, 동독을 국가로 인정함으로써 양국관계의 안정에 기여했다. 1971년 노벨평화상을 수상했다.

정체성을 넘어—사람들에게 세상을 돌려주자

문화가 정체성 문제에 대한 해답이다? 이건 거의 명백한 명제다. 그러나 그럼에도 불구하고 현실은 여전히 그렇지 못하다. 다행스러운 것은 프랑스뿐 아니라 세계 곳곳에서 교육 개혁을 요구하는 목소리가 점점 커지고 있다는 점이다. 물론 이 개혁은 인간의 존엄성과 타인에 대한 존중, 삶의 즐거움 그리고 내게는 필수적인 것으로 여겨지는 놀이와 시의 즐거움에 중심 가치를 둔 것이어야 한다. 여기에 시민정신 교육이 곁들여져야 한다. 즉 공공행정과 법뿐 아니라, 함께 만들어가는 공동체라는 의미에서 사회 건설에 대한 애착을 기르는 교육이 필요하다.

과거에는 가족이 이러한 역할을 어느 정도 담당했다. 그러나 현대사회는 더이상 과거와 같은 관계를 허락하지 않으며, 아이들은 대부분 부모의 영향력을 벗어난다. 그렇다면 무엇이 남아 있을까. 지식을 전파하도록 교육받은 교사들? 그들의 방식이 계속되고 있긴 하지만, 삶의 의미를 전달하는 데는 큰 역할을 담당하지 못한다. 그 결과 길을 잃고 산만해져버린 젊은이들은 사회 속에서 자신의 역할이나 자신의 자리에 대해 진지하게 생각하지 못한다. 매스미디어가 전파하는 개인의 성공스토리의 반대 모델에 잡아먹히도록 스스로를 방치하기도 한다.

내가 언급했던 경제권력과 정치권력 그리고 일반 시민 사이에서 반복되는 이 게임에서, 교육 개혁은 결정적인 위치를 차지한다. 바로 교육 개혁을 통해 세상이 오직 정부에만 좌우되지 않도록 의식을 일깨우고 행동을 개시하기 위해 분노하는 등의 일을 진행하는 것이 가능해지기 때문이다.

더구나 어느 순간에 이르면 정부 스스로가 자신들이 더이상 운명의 주인이 아니라는 사실을 인정해야 한다. 국가의 경제적, 재정적 권력이 우리를 움직이긴 하지만, 국가의 지성은 그렇지 않다. 분노의 힘과 시민들의 운동 속에서 단순하고 명확한 메시지가 나타나야 한다. 이 세계는 우리에게 속해 있다. 우리는 결코 정부에 속하지 않았으며, 국가를 장난감처럼 갖고 노는 금융권력에는 더더욱 속하지 않는다.

그러나 국가와 자신을 과도하게 동일시하는 태도가 여전히 사회의 보수성을 양산하고 있다. 다니엘 컨벤디 덕분에 나는 프랑스의 핵문제나 독일 군대의 리비아 참전에 대한 시민 토론 혹은 그 토론의 부재가 국가의 정체성보다 훨씬 더 어리석은 국가의 오랜 대표성을 폭로한다는 사실을 깨달았다. 프랑스는 핵을 보유한 나라다, 그러므로 프랑스인들은 핵발전에 우호적이다. 독일은 평화를 원하는 나라다, 그러므로 독일인들은 평화주의자다, 라는 식으로 말이다.

우리는 국가의 정체성이라는 논리적 난점을 극복할 수 있을까? 나는 개인이 자신의 국가를 자랑스러워하는 일은 원칙적으로 불필요하다고 생각한다. 이제 국가가 아니라 세상이 작동하는 방식에 대해 자랑스러워하는 것을 주된 목표로 삼는 사람들이 점점 더 많아지고 있다.

지구로의 회귀

장클로드 카리에르와 나눈 대화에 대해 잠시 언급하고자 한다. 우리는 동양의 지혜에 대해 종종 이야기를 나눈다. 중국의 음양이론에 담긴 시각에 대해 이야기를 나누기도 하고, 신들 사이에 균형이 이루어지는 그리스식 시각에 대해 이야기를 나누기도 한다. 대화의 주제는 달라지지만 열정적인 호기심은 변함이 없다. 또한 우리는 세상은 절대적으로, 그리고 돌이킬 수 없을 만큼 복합적이라는 생각을 공유하고 있다. 이런 의미에서 장클로드 카리에르는 중국과 인도의 전통이 오늘날 우리에게 호소하는 바가 더 크다고 말한다. 예를 들어 인도에서는 창조와 파괴가 매우 긴밀한 관계를 맺고 있다. 파괴 없이 창조는 있을 수 없다. 시바(파괴의 신) 없이는 브라마(창조의 신)가 있을 수 없는 것이다. 또한 재창조 없이는 파괴도 불가능하다. 다시 말해 비슈누(보호의 신) 없이는 시바도 없다는 얘기다. 비슈누는 세상을 존재하는 그대로 유지하기 위해 노력을 기울인다. 헛된 노력이다. 우리는 모두 그것이 헛되다는 것을 안다. 어차피 세상은 스스로를 파괴하는 방향으로 가고 있으며, 또 다른 형태로 다시 태어날 테니까.

복잡하게 얽혀 있는 이 수많은 신들의 관계는 겉으로 보기에는 모순되어 보이지만 매력적이기 그지없다. 그리고 오늘날 세계의 정치, 경제, 문화를 이해하는 데 풍부한 도움이 된다. 그것은 일종의 영속적인 움직임 같은 것이다. 사뮈엘 베케트가 말한 것처럼 "핵심은 어디에도 이르지 않는 것이다". 수피교의 한 잠언은 이것을 다른 방식으로 설명한다. "무언가가 너를 붙들면 그것은 곧바로 우상이 된다." 지적으로나 정치적, 예술적으로나 하나의 신념에 붙들리면 안 된다는 것이 이 생각의 핵심이다. 모든 것에 대해 끊임없이 질문을 던지고, 우리가 가장 정확하고 바르다고 믿었던 것들조차 늘 새로운 눈으로 다시 바라보고 의문을 제기해야 한다. 진실을 찾았다고 믿을 경우 그 환상은 잘하면 우리를 그 자리에 머물게 하고, 최악의 경우에는 우리가 믿고 있는 것을 다른 이들에게 강요하게 만든다. 이것은 우리가 영속적인 하나의 흐름이라는 생각, 우리가 우리를 삼키는 죽음을 향해 속수무책으로 실려가는 존재라는 생각이다. 그러나 이 생각은 옳지 않다. 우리는 어찌됐든 또다른 탄생의 씨앗을 뿌릴 것이다.

결론적으로 장클로드 카리에르는 창조와 파괴 사이의 변증법은 우리 모두가 같은 원자와 소립자 들로 구성되어 있음을 가르쳐준 현대 물리학의 설명과 맞닿아 있다는 사실을 나에게 일깨워주었다. 이 원자는 불멸의 것이다. 우리는 결코 '원자의 죽음'을 본 적이 없다. 원자들은 다른 육체에 들어가서 재구성될 뿐이다. 이 원자들은 모여서 분자를 형성하고, 분자들은 하나의 형태를 즉각 구성한다. 그러나 그 형태는 결국 죽음에 이른다. 죽음이 나타나 우리를 지배하는 단계가 있다. 우리를 구성하는 질료가 광물, 식물, 동물, 인간 혹은 그 무엇이든 형태를 구성하는 조건 자체가 죽을 운명이라는 것이다. 이것은 매우 동양적이다. 우리는 위대한 동양 사상의 핵심에서 '당신'과 '나 자신'이 되기 위해 지불해야 하는 대가를 재발견한다. 그것은 바로 죽는 것이다. 살아 있는 존재가 되기 위해 치러야 하는 대가는 어느 날 죽으러 불려나가는 것이다. 우리는 불멸일 수도 있다. 그러나 만약 그랬다면 우리는 존재할 수조차 없었을 것이다.

짧게 압축된 이 동양철학은 내가 매우 좋아하는 라이너 마리아 릴케의 생각을 떠올리게 한다. "우리는 필사적으로 눈에 보이는 꿀을 모은다. 보이지 않는 거대한 황금 벌집에 쌓아두기 위해." 다시 말하면 죽는다는 것은 존재하기 위한 또다른 방식이다. 살아 있는 것 또한 존재하는 또다른 방식이다. 존재를 표현하는 커다란 모자이크는 지구에 있는 것으로만 한정지어 말하자면 수많은 인간, 동물, 집, 들판 등으로 구성되어 있다. 이 모든 것은 전체의 어딘가에 조화롭게 존재한다. 그리고 나는 곧 이 조화로운 세계 어딘가로 다시 들어갈 것이다. 우리는 죽을 테지만, 그렇다고 해서 존재하지 않는 것은 아니다. 우리가 지닌 존재는 모든 실존하는 것들의 일부에 속하는 존재이며, 실존하는 것들의 거대한 공간에서 자신의 자리를 되찾는 존재이다. 바로 이것이 내 마음을 관통한 릴케의 사상이다.

내 나이에 비춰볼 때, 나는 그의 사상이 매우 적절하다고 생각한다.

셰익스피어가 『폭풍우』에서 말했듯이 "과거는 하나의 프롤로그"다.

어떻게
도달할 것인가

표범

라이너 마리아 릴케

—파리의 식물원에서

길게 줄지어선 철책 뒤로, 그의 눈은 너무도 피로해져
더이상 아무것도 주시하지 않는다.
표범에게는 끝없이 이어진 철책만 있는 듯하다.
그 철책 너머에 더이상 세상은 없다.

고양이처럼 부드럽고 날렵한 발걸음으로
아주 작은 공간에서 원을 그리며 움직인다.
거대한 의지를 마비시켜 가둬놓은
중심을 맴도는 힘의 춤처럼.

문득, 소리 없이 눈동자가 열린다.
하나의 이미지가
긴장되고 고요한 등뼈를 파고든다.
살기를 멈추고 심장 속으로 파고든다.

나는 엄청난 행운을 누렸다!

　수많은 실패들을 뛰어넘으면서 행복한 삶을 살았다. 내 노력이 내가 원하는 결과로 이어지지 않을 것이 명백한 순간에도, 나는 내 노력의 타당성을 조금도 의심하지 않았다. 이토록 행복했던 나의 삶 속에는 내게 큰 도움을 준 몇몇 소중한 만남들이 있었다. 이제 그 만남들에 대해 적어보고자 한다.

　4년 전 세상을 떠난 사상가이며 『시대를 바꾸자』[23)] 의 저자이기도 한 자크 로뱅은 활력 넘치는 펜과 목소리로 우리에게 길을 안내해주었다. 그가 결성한 왕성한 지식인 모임 10인 그룹은 20세기의 마지막 몇 년 동안 생생한 지적 역동성을 제공해주었다. 자크 로뱅의 후계자 중 한 사람이라고 할 수 있는 파트리크 비브레가 발표한 여러 논문이 그랬던 것처럼.

바로 이 모임에서, 나는 가장 흥분되고 지칠 줄 모르며 지적으로 가장 풍요로운 친구 한 사람을 만난다. 바로 사샤 골드만이다. 관계를 맺고, 수많은 만남을 갖고, 끊임없이 사상을 새롭게 조합해 내는 그는 단숨에 내 마음을 사로잡았다.

나는 그와 함께 이 세계가 가장 시급하게 해답을 구하는 문제에 답하고자 연구에 착수했다. 아직 모든 결과를 얻지는 못했지만, 이 연구는 가장 혁신적인 방식을 통해 가장 높은 야망을 담은 동시에, 진화해가는 백서로 완성될 것이다. 이 보고서는 가장 열린 정신을 가진 지식인들과 가장 많은 경험을 가진 지도자들의 협력을 통해 완성될 것이다. 우리는 이 모임을 '국제 윤리 콜레주Collége Éthique International' 라고 부르려 했다. 초기 모임에 함께할 기회가 있었던 내 친구 윌리엄 반 덴 휴벨이 우리에게 조언하길, 콜레주는 영어로 읽힐 때 오해의 소지가 있다는 지적을 해주었다. 그래서 우리는 '콜레주' 대신 '콜레지엄Collegium' 이라는 단어를 사용하기로 했다. 그렇게 해서 우리의 모임은 '국제 윤리과학정치 콜레지엄 International, Ethical, Scientific and Political Collegium' 이 되었다. 대표는 미셸 로카르와 밀란 쿠찬이었다. 전직 정부 관료이자 이제 권력으로부터 벗어난 이 두 사람은 정치권력을 실행하는 데 어떤 제약들이 있는지 잘 알고 있었다. 우리가 작성한 호소문은 그 겸손하면서도 야심찬 텍스트를 통해 30여 명의 전직 국가 수뇌부를 비롯해 전 세계의 학자, 사회학자, 경제학자 들을 설득시켰다.

그들을 실질적으로 혹은 인터넷상으로 결집시켜야 했고, 그들이 포기하지 않도록 설득해야 했으며, '소프트 파워'를 지닌, 다시 말해 진짜 권력을 보유한 자들에게 미묘하지만 강력한 영향력을 행사할 백서 작성에 참여하겠다는 약속을 받아내야 했다.

이 멋진 시도는 아직 할 일을 다 마감하지 않았고, 사샤 골드만은 이 모든 일의 중심에 있었다. 나는 그의 어떤 요구에도 저항하지 못했다. 나는 그가 시도한 모든 활동에 참여했고, 그 활동으로 인해 내가 진정 인간적인 애정을 갖고 있는 남자와 여자 들을 만나 친분을 맺는 일이 진정으로 기뻤다. 그들은 바로 미셸 로카르, 메리 로빈슨, 르네 파세, 에드가 모랭 등이다.

우리는 정확히 무엇을 해야 하는가? 그것은 인류가 탈출할 수 있을지 없을지 알 수 없는 위기의 시대에 가장 중요한 문제들을 인류가 가진 다양성과 상호의존의 방식 속에서 이해하는 것이다. 그런 다음 이 문제들을 해결할 수 있는 길과 용감하고 적극적인 시도 혹은 조심스러운 후퇴를 제안하고, 호소력 있는 슬로건을 제시하는 것이다. 그 슬로건에 담긴 확신의 힘이 유엔 본회의에 참석할 193명의 회원국 대표단에게 부여될 것이다.

사샤와 나는 파트리크 비브레처럼 단순명료한 몇 개의 문장들을 통해 토론을 이끌어내는 데 능숙하며 설득력 있는 문장을 쓸 사람을 찾고 있었다.

우리의 첫 텍스트는 내가 이미 언급했듯이 '상호의존의 보편적 선언'이었으며, 미레유 델마마르티의 도움으로 작성되었다.

만일 내게 살아갈 날들이 몇 년 더 주어진다면, 사샤의 끊임없는 격려와 그와 나누는 우정에 힘입어 콜레지엄이 가능한 한 더 많은 영역에 침투하여 영향력을 발휘하게 하는 데 힘을 쏟으려 한다. 수많은 사건들은 뛰어넘어야 할 장벽일 뿐이며, 더 멀리 가기 위해 넘어야 할 벽이라는 사실을 알지 못한다면, 그동안 우리 주변에서 벌어진 수많은 사건들이 강화시켜온 '결국 우리가 할 수 있는 일은 아무것도 없다'는 생각이 가져다주는 회의주의가 침투하고 말 것이다.

내게 힘을 주는 또다른 만남은 내가 죽기 전 진정한 결과를 얻을 수 있을지조차 알기 힘들어 보이는 프로젝트이다. 작지만 소중한 나라 벨기에에서 상원의원으로 일하며 정교분리원칙 운동단체의 대표로 있는 피에르 갈랑이 주도하는 프로젝트가 바로 그것이다. 우리의 팔레스타인 친구 레일라 차히드와 그가 주창하는 내용을 지지하고 있으며, 그녀의 용감한 이스라엘 파트너 누리트 펠레드엘하난이 활동에 동참하고 있다. 누리트는 팔레스타인을 위한 러셀법정을 실행하기 위해 곧장 나를 이 일에 동참시켰다.

이는 40년 전, 영국의 위대한 휴머니스트 버트런드 러셀이 국제여론에 압력을 가하고 미국으로 하여금 그 끝도 없이 지속되던 베트남전으로부터 속히 물러나길 촉구하기 위해 창설한 시민법정의 뒤를 잇는 일종의 시민운동이다.

피에르 갈랑은 3년 전 우리를 브뤼셀로 불러서 그들의 막강한 이웃 이스라엘뿐 아니라 유럽연합이나 워싱턴이 팔레스타인 민족에게 가한 모든 불법적인 행동들에 대해 증언을 모으고 전문가들을 소집할 것을 제안했다. 유럽과 미국은 이스라엘이 자신들과 맺은 협약이나 조약을 준수하게 하는 데 실패함으로써, 이스라엘과 마찬가지로 국제법을 끊임없이 무시해왔다.

나에게 팔레스타인을 위한 러셀법정은 내가 아는 숭고한 사상들을 이 법정에 참여하는 많은 이들의 도움을 통해 현실에 적용하게 하는 기구이다.

첫번째 법정은 지난해 3월 바르셀로나에서 열렸고, 두번째 법정은 지난 11월 런던에서 열렸다. 이 두 개의 법정 사이에, 나는 내 아내와 '아이의 목소리' 대표들과 함께 가자 지구에서 다섯번째 체류를 했다. 로버트 골드스톤은 유대인들의 압력 때문에 자신의 입장을 막 포기한 참이었고, 우리가 현장에서 그 보고서가 유효함을 확인할 수 있었음에도 불구하고, 자신의 보고서에 대해 대외에 사과문을 발표하였다.

우리는 다가오는 11월 케이프타운에서 아파르트헤이트가 무엇인지 아는 남아프리카공화국의 친구들과 함께 세번째 법정을 열려고 준비하고 있다. 그들은 이번 법정에서 자신들이 겪은 아파르트헤이트와 정복된 땅에서 살아가는 주민들의 운명을 비교할 예정이다.

따라서 나는 케이프타운에 갈 것이다. 그리고 『분노하라』의 미국판 출간이 준비되고 있는 뉴욕에도 갈 것이다.

진심으로 말하건대, 나는 내가 그다지 겸손하지는 않다고 생각한다. 나는 나에게 다가온 수많은 좋은 생각들, 수많은 명민한 정신과 나눈 생각들이 아무런 결실도 맺지 못하는 것을 바라보는 것이 안타깝다. 세상은 이렇게 퇴보하고 있는데 말이다.

그래서 사람들과의 협력이 필요하다. 지금 내가 하고 있는 것처럼 글을 통해서뿐만 아니라 행동을 통해서도. 그런 점에서 10년도 더 전부터 세계의 이런저런 지역에서 시민 프로젝트를 지지하는 재단으로 나를 초대해준 내 친구들에게 각별한 감사의 마음을 표한다. 이 단체의 이름은 '모두가 함께 만드는 세상'이다. '모두를 위한' 세상이 아니다. 이 단체의 이름은 내가 어떻게 이 단체에 들어갔는지를 잘 대변해준다.

1980년대 말, 나는 프랑스 인권위원회를 대표해 정기적으로 제네바에 갔었다. 거기서 프랑수아 루를 만났다. 그는 변호사로 몽펠리에에서 인권연구소를 운영하고 있었다. 인권연구소는 프랑스 바깥에, 예를 들면 루마니아, 아프리카 등지에 국제형사재판소와 나란히 존재하고 있다. 프랑수아 루는 나를 프랑스와 독일 사이의 갈등에서 살아남은 인물로 보았고, 갈등에 사로잡힌 청년들이 지금의 상황을 시급히 넘어서도록 그들에게 이야기를 건넬 수 있는 사람이라고 판단해 자신과 함께 부룬디에 가주기를 원했다. 후투족 출신의 대통령이 얼마 전 그곳에서 암살되었는데, 그것은 현기증 나는 대학살의 서막이었고, 결국 르완다에서 투치족에 대한 인종학살이라는 최악의 결과로 이어졌다.

나는 기꺼이 그 일에 참여했고, 한 남자가 그 일에 필요한 모든 재정을 지원했다. 신비스러운 존재였고 계속 익명으로 남아 있고자 했으나, 내게 진정한 헤르메스가 된 그 남자의 이름은 파트리크 레스퀴르이다. 그는 로제르 지역의 코스* 한가운데 있는 마을에 산다. 그는 집안에서 일어난 우연한 사건에 의해 갑자기 형제들과 상당한 재산을 공유하게 되었다. 다른 형제들이 갑작스럽게 얻은 재산으로 무엇을 하는지 그는 관심이 없었다. 청소년 시절부터 활동가였던 그는 직접 행동에 나서는 사람들의 모임에 도움을 주고 지원하는 재단을 만들기로 결심했다. 큰 액수를 출연하는 단순한

---

* Causses, 프랑스 중앙산지의 석회암 고원지대.

지원은 피했다. 그는 내 친구 프랑수아 루가 운영하는 인권연구소에 협력하고 있었다. 알베르 카뮈의 현명한 친구이자 교육자, 도시공학자인 폴 블랑카르 역시 이 활동에 참여하고 있었는데, 그는 나에게 네번째 협력자가 되어달라고 청했다.

이 활동은 오늘날 나에게 '존재하는' 기쁨과 '행동하는' 기쁨을 가져다주는 가장 큰 활동이 되었고, 100여 개가 넘는 인권수호단체, 소외된 사람들에 대한 지원 활동, 교육과 생태 문제에 관한 투쟁 활동과 인연을 맺게 해주었다. 내가 세벤 산맥과 인연을 맺은 것도 이 활동 덕분이다.

파트리크와 프랑수아는 둘 다 라르작에서 주민들이 군대를 상대로 승리를 얻어낸 싸움*에 참가했던 주역들로, 매년 그들의 친구인 양치기 베르나르 그를리에와 그의 아내 나딘이 이끄는 양떼 이동 행사에 참가한다. 베르나르 그를리에는 그 순간을 축복으로 만든다. 나는 몇몇 친구들과 함께 천 년도 더 된 길을 따라 양떼를 느리게 이동시키며 온갖 세상사에 대해 두런두런 논하는 그 행사에 초대되었다. 진정한 시인이자 염소를 키우는 크리스티앙 플랑크가 우리를 맞아주었고, 내 아내 크리스티안과 나는 에구알 산에서 멀

---

* 양떼를 치며 살던 라르작의 주민들은 군사시설 확장 계획에 맞서 10년간 시위를 했다. 이들은 8만 명의 주민이 양떼를 몰고 파리까지 710km를 걸어와 에펠탑에 양을 풀어놓은 일로 유명하다. 1981년 군사시설 확장 계획 폐기를 약속한 미테랑이 대통령에 당선되면서 이들의 싸움은 승리로 끝났다.

지 않은 비강이라는 곳의 위쪽에 있는 그의 집에 머물렀다.

열두 번에 걸친 양떼의 이동은 우리의 삶에 태양 같은 빛을 선사했고, 나는 함께 양몰이를 하는 사람들을 위해 매번 랭보, 보들레르 혹은 아폴리네르의 아름다운 시를 낭송하기를 주저하지 않았다.

이렇듯 나를 둘러싼 상황들은 아흔 살 먹은 노인의 삶에 긴 바캉스와 자유시간을 만들어내는 대신 이러저러한 값진 활동들을 선사해주었고, 나는 그 활동들 사이에서 숨을 쉴 수 있는 약간의 자리를 찾아내려고 애쓴다.

콜레지엄, 재단, 러셀법정 그리고 느닷없이 나타난 『분노하라』! 내가 추진하려고 했던 것들을 넘어서는 일들이 내 안에서 흥분되는 리듬으로 유지되고 있다.

그러나 이것은 내 개인적인 삶에서 감동적일 수 있는 한 영역을 침범하는 일이기도 하다. 크리스티안은 내게 행복을 의미한다. 함께하는 긴 시간 동안, 우리는 아무 말 없이도 그저 함께 있다는 사실을 즐긴다. 서로를 만지고 발견하는 이 행복을 표현하기에 적합한 말을 찾는 것은 너무 어렵다.

나는 내 세 아이와 그들의 여덟 아이, 그리고 내 딸의 다섯 손주들이 내게 의미하는 바를 감히 여기에 털어놓진 못할 것 같다. 그들 중 하나가 내게 전화 한 통을 걸어오는 것만으로도 온 세상은 감동과 은혜로 충만해진다.

나는 내가 기쁜 마음으로 감당했고 신념을 가지고 짊어져온 이 모든 의무들이 더이상 이어지지 않을 거라고, 내년 혹은 내후년에는 끝날 거라고 항상 생각해왔다. 그러나 크리스티안은 말한다. "나는 그렇게 생각하지 않아."

하지만 죽음을 준비한다면 나는 진정으로 행복할 것이다. 나는 다가오는 죽음을 고통 속에서 바라볼까? 물론 그럴 것이다. 아우구스트 폰 플라텐이 말한 것처럼 극소수의 사람만이 핀다로스 같은 방식으로 세상을 떠날 수 있다. 그는 공연을 보면서 사랑하는 이의 무릎에 자신의 뺨을 내려놓았다. 음악이 멈추고, 사랑하는 이가 그를 흔들어 깨우려 하지만 그는 이미 신의 곁으로 떠나간 뒤다.

나는 기력이 떨어지는 것을 곧잘 느낀다. 내 노쇠함이 기력을 떨어뜨리는 것이 느껴진다. 내가 어디쯤 있는지 가늠하기 힘들다. 그러면 또 어떤가. 이대로 지켜볼 뿐.

술 따르는 벙어리 하인의 노래

크리스티앙 플랑크

(…)

살아생전에 유명해지는 건 잘못된 일일까?

죽어 늘어져 있는 대신 더 잘 들을 수 있을 텐데.

어느 노래가 당신을 노래할 때 죽어야 하나?

삶과 삶의 비밀들이 당신의 눈을 열어줄 텐데.

노래들 중에는 세상 사람들이 다 아는 노래도 있고,

당신이 한 번도 듣지 못할 노래도 있다네.

바람과 달만이 둥글게 모여 콧노래를 부르네,

술 따르는 벙어리 하인의 소리 없는 노래를.

:: 주

1) Peter Sloterdijk, *Essai d'intoxication volontaire*, Paris, Calmann-Lévy, 1999.

2) Stéphane Hessel, *Danse avec le siècle*, Paris, Seuil, 1997.

3) Stéphane Hessel, *Ô ma mémoire : la poésie, ma nécessité*, Paris, Seuil, 2006.

4) Stéphane Hessel et Jean-Michel Helvig, *Citoyen sans frontières*, Paris, Fayard, 2008.

5) Franz Hessel, *Romance parisienne et Le Bazar du bonheur*, traduits de l'allemand par Léa Marcou, Paris, éditions Maren Sell, 1987 et 1989.

6) Edgar Morin, *La Voie*, Paris, Fayard, 2011.

7) Peter Sloterdijk, *Tu dois changer ta vie*, Paris, Libella-Maren Sell, 2011.

8) Edgar Morin, *L'Homme et la mort*, Paris, Corrêa, 1951 ; *Le Paradigme perdu*, Paris, Seuil, 1973.

9) Edgar Morin, *Introduction à une politique de l'homme*, Paris, Seuil, 1965 ; *Pour une politique de civilisation*, Paris, Arléa, 2002.

10) Peter Sloterdijk, *Le palais de cristal*, Paris, Libella-Maren Sell, 2006, et *Sphères I,* Paris, Pauvert, 2002, *Sphères II*, Paris, Libella-Maren Sell, 2010, et *Sphère III*, Paris, Libella-Maren Sell, 2005.

11) Régis Debray, *Le moment fraternité*, Paris, Gallimard, 2009.

12) Peter Sloterdijk, *Critique de la raison cynique*, 2ᵉ éd., Paris, Christian Bourgois, 2000.

13) Jean-Claude Carrière, le Dalaï-Lama, *La Force du bouddhisme*, Paris, Robert Laffont, 1995.

14) Eugen Kogon, *L'État SS. Le système des camps de concentration allemands*, Paris, Seuil, 1947.

15) Amin Maalouf, *Les Identités meurtrières*, Paris, Grasset, 1998.

16) Amin Maalouf, *Le Dérèglement du monde*, Paris, Grasset, 2009.

17) Peter Sloterdijk, *La Mobilisation infinie*, Paris, Christian Bourgois, 2000.

18) Ernst Bloch, *Le Principe espérance*, traduit de l'allemand par Françoise Wuilmart (3 vol.), Paris, Gallimard, 1976, 1982 et 1991.

19) André Gorz, *Métamorphoses du travail*, Paris, Galilée, 1988.

20) Robert Kagan, *La Puissance et la faiblesse, Les États-Unis et l'Europe dans le nouvel ordre mondial*, traduit par Fortunato Israël, Paris, Plon, 2003.

21) Peter Sloterdijk, *La Domestication de l'être*, Paris, Mille et Une Nuits, 2000.

22) Ernst Jünger, *Traité du rebelle*, Paris, Christian Bourgois, 1995.

23) Jacques Robin, *Changer d'ère*, Paris, Seuil, 1989.

:: 스테판 에셀 연보

1917년 10월 20일 독일 베를린 출생. 작가이자 번역가이며 폴란드계 유대인인 아버지 프란츠 에셀과 은행가 집안의 막내딸인 어머니 헬렌 그룬트 사이에서 둘째로 태어남. 어머니와 아버지, 그리고 앙리 피에르 로셰의 이야기는 프랑수아 트뤼포에 의해 영화 〈쥘 앤 짐〉으로 탄생함.

1925년 파리 이주.

1937년 파리 고등사범학교 입학.
　　　프랑스 시민권 취득.

1939년 루이 르 그랑 고등학교 동창 비티아와 결혼.

1941년 영국 런던으로 건너가 드골 장군이 이끄는 프랑스 레지스탕스 운동
　　　에 합류.

1944년 파리에 밀입국하여 연합군 노르망디 상륙 작전을 돕던 중, 나치에 의
　　　해 체포, 수용소에 감금됨.

1945년 1월　수용소 탈출.

1945년 외교관 시험에 합격, 유엔 근무를 시작으로 외교관 생활 시작.

1946년 유엔 부사무총장 앙리 로지에를 만남.

1948년 세계인권선언문 작성에 참여.

1954년 피에르 망데스 프랑스 내각에 합류.

1958년 장물랭 클럽 창립에 참여.

1970년 유엔 개발계획 부행정관으로 임명.

1977년 유엔 주재 프랑스 대사로 임명.

1981년 프랑스 외교관으로서 최고의 영예인 종신 프랑스 대사로 임명.

1982년 공직에서 은퇴.

1986년 사회당 입당.
        아내 비티아 사망.

1987년 35년간 연인관계를 유지해오던 크리스티안 사브리와 재혼.

1994년 아프리카 부룬디의 후투족과 투치족 사이의 갈등을 중재하는 역할
        을 맡음.

1996년 불법체류자들을 위한 운동에 중재자로 참여

1997년 『세기와의 춤』 발간.

2002년 미셸 로카르와 밀란 쿠찬의 발의에 따라 콜레지엄 인터내셔널 창립.

2003년 팔레스타인과 이스라엘 사이의 평화정착을 위한 임무 수행

2006년 레지옹 도뇌르 훈장 서훈.
　　　이스라엘의 레바논 공격에 반대하는 호소문 발표.
　　　『오, 나의 추억이여』출간.

2008년 『국경 없는 시민—장미셸 엘비그와의 대화』출간.
　　　유네스코/ 빌바오 상 수상.

2010년 『분노하라』출간. 전 세계 35개국에서 번역되어 450만 부 이상이 판
　　　매됨.

2011년 『포린 폴리시Foreign Policy』가 선정한 세계의 대표적인 사상가로 꼽힘.
　　　『참여하라—질 반데르푸텐과의 대담』출간.
　　　티베트 독립운동의 정신적 지주 달라이 라마와 만남.

2012년 『멈추지 말고 진보하라Tous comptes faits... ou presque』출간.

2013년 2월 27일 자택에서 95세의 나이로 작고.
　　　3월 7일 프랑스의 올랑드 대통령과 주요 각료, 시민 들이 모인 가운데
　　　정부 주관으로 장례식이 거행됨.

한 세기를 살아낸 행복한 투사
스테판 에셀을 추모한 사람들

오늘 우리는 '프랑스의 사상' 그 자체였던 스테판 에셀을 위해 이곳에 모였습니다. 그는 훌륭한 프랑스인이었고 정의로웠습니다.

스테판 에셀은 자유인이었습니다. 자유로운 선택을 했고, 자유로운 신념을 지녔으며, 표현의 자유를 위해 노력했고, 자유로운 삶을 살았습니다. 자유는 그의 열정이고 이상이었습니다. 그는 실천과 행동, 말로 젊은이들에게 실용적이고 현재적인 삶보다 훨씬 더 가치 있는 증언을 남겼습니다. 그 정신은 결코 죽지 않을 것입니다.

우리는 인간의 존엄성을 지키기 위해 헌신한 위대한 인물을 잃었습니다.

_프랑수아 올랑드(프랑스 대통령)

위대한 유럽인 에셀은 언제나 투쟁 정신과 자유로 최선을 다했습니다. 우리는 그가 그리울 것입니다.

_마틴 슐츠(유럽의회 회장)

스테판 에셀은 정의로웠고, 야만적인 폭력에 의해 나라가 팔릴 위기에 맞서 싸웠습니다. 순응주의에 반대한 스테판 에셀은 정치인들에게도 불의에 입을 다물지 않는 법을 가르쳐주었습니다.

_노엘 마에르(프랑스 녹색당 의원)

그는 작은 것에도 감탄하고 사랑할 줄 아는 마음을 가졌습니다. 그런 그의 마음 때문에 폭력을 향해, 모욕을 향해, 잔인함을 향해, 그리고 부정한 권력에 저항할 수 있는 에너지가 만들어질 수 있었습니다.

_에드가 모랭(사회학자, 문화비평가)

Attristez-vous! (슬퍼하라!)
_스테판 에셀의 죽음 이후 프랑스인들이 트위터에 일제히 올린 추모 메시지

스테판 에셀이 남긴 메시지는 분노할 만한 상황에서 분노해야 한다는 우리의 의무를 일깨운 것이었다. 그는 모든 형태의 불의를

받아들이지 말 것을 우리에게 요구했고, 이 메시지는 이제 우리 모두의 유산이 되었다. 우리에게는 이제 그의 기억을 전하고, 그가 호소한 가치들, 생각들을 우리 모두에게, 특히 젊은 세대에게 전해 미래를 위한 모델로 삼아야 한다는 임무가 남아 있다.

_프랑스의 좌우진영 정치인들이 한마음으로 올린 스테판 에셀의 프랑스 국립묘지 팡테옹 안장 청원서에서

멈추지 말고 진보하라

초판인쇄 | 2013년 4월 19일
초판발행 | 2013년 4월 26일

지은이 스테판 에셀
옮긴이 목수정
펴낸이 강병선

책임편집 이연실 | 편집 최정수 | 모니터링 이희연
디자인 김현우 이주영 | 저작권 한문숙 박혜연 김지영
마케팅 우영희 이미진 나해진 김은지
온라인마케팅 김희숙 김상만 이원주 한수진
제작 서동관 김애진 임현식 | 제작 영신사

펴낸곳 (주)문학동네
출판등록 1993년 10월 22일 제406-2003-000045호
주소 413-756 경기도 파주시 문발동 파주출판도시 513-8
전자우편 editor@munhak.com | 대표전화 031)955-8888 | 팩스 031)955-8855
문의전화 031)955-2660(마케팅), 031)955-2561(편집)
문학동네카페 http://cafe.naver.com/mhdn | 트위터 @munhakdongne

ISBN 978-89-546-2118-2 03340

www.munhak.com